Romeu e Juliana:
Um Amor de Espera

ÍNDICE

Capítulo 1: O Encontro Das Almas

Capítulo 2: A Promessa de Espera

Capítulo 3: A Tempestade da Tentação

Capítulo 4: Conflitos Familiares

Capítulo 5: A Profundidade da Fé

Capítulo 6: As Armadilhas do Mundo

Capítulo 7: Mensagens de Esperança

Capítulo 8: Confronto e Desespero

Capítulo 9: A Revelação do Passado

Capítulo 10: O Despertar da Esperança

Capítulo 11: A Decisão da Entrega

Capítulo 12: O Renascimento da Fé

Seja bem-vindo, querido leitor, à jornada de "Romeu e Juliana: Um Amor de Espera". É com profundo entusiasmo e gratidão que lhe dou as boas-vindas a esta narrativa repleta de emoções, desafios e, acima de tudo, fé. Neste livro, você irá adentrar um universo onde o amor verdadeiro se entrelaça com a espera, uma espera que não é apenas uma questão de tempo, mas um processo espiritual e emocional que molda e transforma almas.

Aqui encontrará Romeu e Juliana, dois jovens cristãos que representam não apenas seu amor um pelo outro, mas a luta interna que muitos enfrentam: o desejo profundo e a vontade de permanecer firme em suas crenças. Em um mundo que constantemente nos empurra para escolhas precipitadas, suas vozes ecoam como um convite ao equilíbrio entre a tentação e a devoção. Ao seguir suas histórias, você testemunhará como é possível esperar, amar e crer, mesmo em meio a noites escuras de incerteza e pressão externa.

Cada capítulo é uma nova descoberta, uma nova reflexão sobre a complexidade do amor e da fé. Desde o encantamento do primeiro olhar até os conflitos que surgem quando os caminhos não são fáceis, Romeu e Juliana nos ensinam que a espera é um ato de coragem. Ao longo de suas jornadas, eles encontrarram não apenas a sabedoria em versículos bíblicos e poesias, mas também no apoio mútuo que tornam sua relação mais forte. Em um mundo tão conectado, é fácil se deixar levar pelas pressões que nos cercam, e aqui, essas provações são um pano de fundo essencial que realça a beleza e a profundidade do amor que eles cultivam.

Você também será desafiado a refletir sobre seus próprios conceitos de amor e sacrifício. Poderá se perguntar se, em meio às suas próprias lutas, tem deixado de lado a importância de esperar pelo que verdadeiramente vale a pena. Os dilemas que Romeu e Juliana enfrentam são universais: a pressão dos amigos, o olhar crítico dos pais, e as dúvidas que ecoam no interior de cada um de nós. Ao seguir suas histórias, espero que você encontre inspiração e consolo nas páginas que se seguem.

Conforme você avança pela narrativa, cada diálogo é cuidadosamente entrelaçado de maneira que as verdades bíblicas ressoam em momentos de dor, confusão e alegria. Essa abordagem é intencional, porque acredito que o amor de Deus não é apenas um fundo de cena, mas um personagem ativo que acompanha nossos heróis em cada passo do caminho. Ao proclamar suas esperanças, temores e promessas, Romeu e Juliana nos convidam a nos pautar em sua fé e a cultivar a nossa própria.

Nosso objetivo é que, ao final desta obra, você não apenas conheça a história de amor de Romeu e Juliana, mas também sinta que, de alguma forma, sua jornada pode ser uma extensão da sua própria. Esse amor, que é, ao mesmo tempo, um chamado à espera e uma entrega total aos propósitos de Deus, é o que torna este livro não apenas uma leitura, mas uma experiência.

Assim, prepare-se para embarcar em uma aventura de autodescoberta e renascimento. A cada página, você encontrará não apenas palavras, mas um convite à reflexão e à ação em sua própria vida. Que esta história inspire você a acreditar na profundidade do amor que espera, que luta e que nunca desiste. Que você possa, assim como nossos protagonistas, reconhecer o poder transformador da fé que, quando confiada a Deus, leva a um amor realmente sublime.

Bem-vindo ao mundo de Romeu e Juliana, onde a espera se torna uma celebração do amor. Uma espera que não é apenas sobre o futuro, mas sobre cada momento que vivemos, cada escolha que fazemos e a beleza que encontramos em cada passo do nosso caminho.

Com carinho,
Angela Fernandes de Carvalho

Capítulo 1: O Encontro Das Almas

Em uma tarde ensolarada, os raios de luz dançavam pelas janelas da antiga igreja, onde o aroma de incenso fresco pairava no ar. O espaço sagrado, com suas paredes de pedra e vitrais coloridos que filtravam a luz em matizes vibrantes, proporcionava um acolhimento reconfortante. A melodia suave da música do coral preenchia cada canto, embargando os pensamentos dos jovens que ali estavam reunidos, todos esperançosos e curiosos. Risos suaves e conversas emudecidas misturavam-se ao ambiente, criando uma atmosfera de magia e expectativa.

No centro daquele cenário, Romeu se destacava. Seus cabelos bagunçados e olhar sonhador falavam de uma alma sensível, como se cada pensamento se transformasse em verso. Era um jovem apaixonado pela vida, mas ainda mais pela ideia do amor, um amor puro e verdadeiro. No entanto, ali, naquele círculo de novos amigos, ele se sentia tímido, embora seu coração pulsasse forte, cheio de esperança pelo que poderia acontecer.

À sua frente, Juliana irradiava beleza e calor. Seu sorriso iluminava o ambiente como se estivesse em um palco, compartilhando sua luz com todos ao seu redor. Com sua maneira sincera e gentil de interagir, conquistava a atenção de todos, mas era particularmente Romeu quem se sentia magnetizado por sua presença. Quando seus olhares se cruzaram pela primeira vez, um sopro de reconhecimento passou entre eles — algo profundo e inexplicável começava a brotar.

— Oi, meu nome é Juliana — ela disse, seus olhos brilhando enquanto falava. A voz dela era como música para Romeu, suave e envolvente.

— Eu... eu sou Romeu. Prazer! — Ele gaguejou, mas logo se lembrou de que estava em um ambiente seguro. As palavras por fim fluíram. — Você gosta de poesia?

Juliana sorriu, uma mistura de curiosidade e encorajamento. — Sim, adoro! Na verdade, tenho até um poema que escrevi sobre esperar pelo amor...

Aquilo provocou um leve toque de inquietação em Romeu. Ele queria saber mais sobre essa jovem que, de algum jeito, já começava a preencher os vácuos de sua alma. Tornava-se claro que, além do simples interesse, havia uma conexão mística pairando entre eles.

Conduzidos pela força desse novo vínculo, os dois começaram a compartilhar seus sonhos e medos. Conversas sinceras se desenrolam em meio às frequentes risadas e olhares cúmplices que continuamente traziam à tona a alegria de saber que havia tão pouco espaço entre eles. Era uma troca de confidências que refletia a essência do que realmente eram: jovens em busca de verdade e significado em um mundo recheado de incertezas.

— Às vezes, me pego pensando na importância de esperar. Não só por um amor, mas pela vida em si — refletiu Romeu, seus olhos perdendo-se na luz que penetrava pela janela, enquanto ele falava. — Tem algo tão poderoso na espera, não acha?

— Com certeza! — respondeu Juliana, com empatia em seu olhar. — Infelizmente, muitos não compreendem isso, buscam a gratificação instantânea e esquecem que as coisas mais valiosas demandam tempo.

Com essa revelação, Romeu sentiu-se inspirado. Ele sabia que aquela conversa tinha o potencial de se transformar em algo profundo. E enquanto os jovens ao redor continuavam a se divertir, o mundo parecia se reduzir a apenas eles dois.

Movido por uma intenção súbita e com o coração na mão, Romeu se levantou. Ele estava determinado a declamar um poema que havia guardado como um tesouro, um poema sobre o amor e a espera, uma honraria ao que estava começando a florescer entre eles.

— Juliana, eu gostaria de compartilhar algo com você — disse, a voz misturando insegurança com emoção.

Dentro daquela fogueira emocional, um compromisso implícito de que eles desejavam caminhar juntos nas trilhas da espera, no campo da amizade, crescia. Eles não sabiam como o mundo os testaria ou onde essa jornada os levaria, mas estavam dispostos a enfrentar cada tempestade em uníssono.

Enquanto a tarde se desvanecia, o coração de cada um pulsava dentro de um futuro incerto, mas esperançoso, afirmando que, juntos, poderiam resistir às tentações que estavam por vir.

Um arrepio percorreu o corpo de Romeu quando, com o coração acelerado e os olhos brilhando de emoção, ele se posicionou à frente de Juliana. O espaço ao redor desapareceu; não havia mais risos, nem murmúrios, apenas a expectativa vibrante que emanava da jovem à sua frente. Ele respirou fundo, sentindo a necessidade urgente de expressar aqueles sentimentos que cresciam dentro dele.

— Este poema é para você — começou, sua voz ligeiramente trêmula. — Ele fala sobre a beleza da espera, sobre como o amor verdadeiro merece ser cultivado, assim como uma flor.

As palavras saíram de sua boca como se tivessem vida própria. Cada verso contava a história de um amor paciente e terno, onde as promessas eram feitas não em impulsos, mas em momentos construídos cuidadosamente ao longo do tempo. Juliana o observava em silêncio, encantada, seus olhos reluzindo com a profundidade de cada palavra. A intensidade do momento os cercava como um véu, e para Romeu, não havia nada mais perfeito do que compartilhar aquele instante.

— "O amor é como um sol nascente, radiante e calmo, espera o tempo certo para brilhar..." — recitou, sua voz ganhando força, enquanto cada ala de expectativa se abria diante dele. Ao final, um sorriso iluminado brotou no rosto de Juliana, como se aquele poema tivesse acendido uma chama dentro dela.

— Romeu, isso foi... incrível! — ela exclamou, seu sorriso desenhando um arco de felicidade que transbordava. — Você capturou exatamente o que sinto!

A conexão entre eles se fortificou, agora alimentada não apenas por palavras, mas por um compartilhamento genuíno de ideais. Não era apenas uma conversa, era uma construção cuidadosa de um laço que parecia destinado a resistir ao teste do tempo. Enquanto trocavam olhares, o ambiente ao redor esquecia de gravitar em torno deles, como se todos os outros fossem meras sombras testemunhando uma história singular.

— Sabe, sempre acreditei que o amor deve ser... um ato de coragem. Esperar por alguém, mesmo quando os outros ao nosso redor nos impulsionam a agir de outra forma — refletiu Juliana, os dedos passando pelas páginas de um pequeno caderno que carregava consigo. — Era algo que eu desejava muito expressar, mas nunca soube como.

— Então, vamos fazer isso juntos — sugeriu Romeu, a empolgação pulsando em suas veias. — Vamos escrever algo que inspire os outros a acreditarem no mesmo!

A ideia começou a tomar forma, como um projeto sagrado apenas deles. A esperança resplandecia em cada palavra que trocavam, e logo a conversa se transformou em um diálogo apaixonado, onde eles entrelaçam histórias sobre suas famílias, suas crenças e as expectativas que vinham junto ao amor.

O calor da amizade nascia em cada riso compartilhado, a honestidade das conversas limpava os medos que antes pareciam tão grandes. Enquanto se conectavam, Romeu percebeu que compartilhar seus medos tornou-se um ato de alívio; falar sobre suas inseguranças, uma forma de exercer fé.

— Às vezes me sinto tão somente um jovem à espera de aprovação, com medo de falhar — confessou ele, os olhos de Juliana fixos nele, absorvendo cada palavra. — O que se eu não for capaz de esperar?

— Não estamos sozinhos. Temos um ao outro. E eu sei que, juntos, podemos enfrentar qualquer dificuldade, mesmo as que podem surgir — respondeu Juliana com uma confiança que apenas uma alma compreensiva poderia ter.

E, com aquelas palavras, um pacto silencioso se formou entre eles, como um fio invisível que os uniria em meio às tempestades da vida. Era um amor baseado na amizade, mas prometendo se transformar em algo muito maior e mais significativo.

À medida que a conversa se aprofundava, um sentimento de pertencimento tomou conta. Romeu e Juliana sentiam-se seguros um com o outro, à vontade para explorar não apenas suas esperanças, mas também a dor e a dúvida que poderiam cimentar suas decisões futuras. Assim, quando o sol começou a se pôr, iluminando o cenário com um tom dourado, não era apenas um dia que terminava, mas o início de uma história que, eles sabiam, apenas começava.

— Vamos nos encontrar novamente? — Juliana perguntou, com um olhar esperançoso. A ideia de um reencontro fazia seu coração palpitar mais forte, e ela queria crer que aquilo era apenas o começo de algo extraordinário.

— Com certeza! — Romeu respondeu, sem hesitação. — Prometo que trarei mais poemas e ideias para compartilhar.

Enquanto se separavam, cada um foi para seu caminho, ainda imersos nos ecos de suas conversas. A expectativa de um novo encontro pairava entre eles, envolta por uma aura de promessas e esperanças. E no silêncio da noite que caía, um novo amor estava nascendo, um amor que já carregava a antecipação da espera e o brilho de futuros possíveis.

Enquanto o sol se despedia no horizonte, tingindo o céu de nuances alaranjadas e roxas, Romeu e Juliana encontravam-se deitados na grama, no parque que frequentemente visitavam após os encontros da igreja. A brisa fresca da tarde acariciava seus rostos, e o som distante de risos e brincadeiras de crianças criava a trilha sonora perfeita para aquele momento de intimidade.

— Sabe, Juliana, há algo mágico em estarmos aqui juntos — disse Romeu, quebrando o silêncio que envolvia os dois. A luz suavemente refletia em seus olhos, como se suas almas quisessem reverberar a energia do outro.

— É verdade, Romeu. Às vezes, eu sinto que o mundo é muito grande para nós dois, mas, ao mesmo tempo, eu só preciso de você aqui — respondeu Juliana, suas palavras carregadas de uma sinceridade que iluminava seu olhar.

Os olhos de Romeu brilharam com aquela declaração. A conexão que desenvolveram parecia ter raízes mais profundas do que a simples amizade. Algo pulsava entre eles, um entendimento silencioso e especial que ia além das palavras.

— Fico pensando em como nosso relacionamento se fortalece a cada encontro. Como se estivéssemos construindo algo precioso, algo que deve ser protegido — continuou Romeu, sentindo um misto de esperança e ansiedade.

— A espera faz com que tudo tenha um gosto especial, não acha? Cada momento em que estamos juntos, cada risada compartilhada — Juliana falou, seu sorriso se ampliando com a lembrança da declaração de amor que Romeu compartilhara na semana anterior.

— É como se o amor estivesse sendo moldado por esse ato de esperar. Um amor que resiste ao tempo e às tentações que nos cercam — Romeu ponderou, sua voz suave e sonhadora.

Enquanto discutiam sobre suas esperanças e medos, um silêncio cortante se instalou. Os dois pareciam pensar na mesma coisa: a incerteza do futuro e como suas promessas poderiam enfrentar os desafios que a vida lhes reservara. Uma sombra de dúvida pairava sobre eles, mas ao mesmo tempo havia um brilho ousado de esperança.

Juliana, quebrando o silêncio novamente, disse: — Às vezes eu tenho medo de não ser forte o suficiente para esperar pelo que queremos. E se eu falhar?

A insegurança na voz dela apertou o coração de Romeu. Ele se virou para ela, segurando suavemente suas mãos, muito consciente do pequeno vínculo que havia sido formado entre eles.

— Olhe para mim, Juliana! — ele começou, com a intensidade do momento trazendo uma clareza a seus pensamentos. — Eu também tenho meus medos, mas acredito que da espera virá algo extraordinário. Nosso amor pode não ser perfeito, mas, se tivermos fé um no outro, conseguiremos superar qualquer dificuldade.

Juliana sentiu as emoções em seu coração começarem a se aquecer, e suas palavras calaram fundo. Ela sabia que aquele momento de vulnerabilidade os aproximava ainda mais.

— E se nossa fé foi o que nos reuniu? — ela perguntou, com um leve sorriso surgindo em seus lábios.

— Exatamente! Não apenas a fé em nós, mas a fé em algo maior — Romeu respondeu, olhando para os céus. — Nossa jornada juntos é tão importante quanto o destino.

Cada passo deve ser dado com amor e paciência, e isso vai nos conduzir a um futuro mais belo.

Os dois permaneceram ali, segurando as mãos, observando as nuvens que flutuavam lentamente. O relaxamento e a leveza da conversa permitiram que sua imaginação voasse livre diante do que poderia vir. Entre risadas e sonhares, cada um começou a tecer sonhos sobre o que gostariam de fazer no futuro, as metas que desejavam conquistar e, principalmente, como desejavam que o amor deles florescesse naquelas expectativas.

— Um dia, quero plantar um jardim — disse Juliana com envolvimento. — Um lugar onde as pessoas possam vir e sentir a paz, apreciarem o frescor das flores. E, nessa paz, espero que elas sintam o amor verdadeiro que estamos cultivando!

— Posso ver isso! — afirmou Romeu, seus olhos brilhando de emoção. — E um dos jardins mais lindos não será apenas o que você quer criar, mas o que nós vamos criar juntos, passo a passo, com paciência!

A conversa se desdobrava como um delicado fio de espinhos, entrelaçando seus sonhos. Era uma dança de esperanças e promessas, como se cada palavra fosse um petardo de amor que despertasse um eco em seus corações. E assim, no campo pacífico daquele parque, o chão sob seus pés tornou-se símbolo de um lar futuro, construído com alicerces de fé e amor incondicional.

Conforme a luz do dia se dissipava, um novo desejo surgia, aceso na mente de ambos: de caminharem juntos, não apenas em sonhos, mas na vida, enfrentando as tempestades que cercava não apenas a espera, mas cada dia que se aproximava. E na certeza de que, um dia, aquele encontro marcaria um dos muitos momentos que eles teriam para celebrar.

Enquanto se afastavam daquele local, sentiam, nas profundezas de suas almas, que cada passo na espera os conduzia mais perto de algo sublime. A promessa do que um amor verdadeiro poderia criar, mesmo que envolto na incerteza, enchia seus corações de paz e esperança. Eles estavam prontos para enfrentar as dificuldades que se opusessem ao amor que estava sendo moldado entre eles, sabendo que juntos, poderiam conquistar qualquer desafio e encontrar a luz do amor fiel.

As sombras se alongavam enquanto saíam, mas em seus corações havia uma luminosidade que não poderia ser extinguida. Era o início de uma jornada que prometia ser tão intensa quanto os sentimentos que brotavam entre eles.

Com o coração pulsando em um ritmo acelerado, Romeu e Juliana estavam prestes a dar o próximo passo em sua jornada. Após uma conversa intensa sobre suas esperanças e medos, os dois se encontraram mais uma vez no parque, onde tudo havia começado. O dia, ensolarado e vibrante, parecia refletir a nova fase em que estavam entrando. Os pássaros cantavam, e a brisa suave acariciava suas faces, trazendo consigo um aroma doce das flores ao redor.

— Eu estive pensando muito sobre aquilo que conversamos — começou Juliana, sua voz ligeiramente nervosa, mas repleta de determinação. — A ideia de esperar pelo amor verdadeiro... É algo que realmente quero viver, mas, às vezes, fico insegura. O que você acha?

Romeu olhou nos olhos dela, buscando as palavras certas, aquelas que poderiam acalmá-la. - Eu também tenho o mesmo medo, mas ao mesmo tempo, sinto que o que temos é especial. A espera não é apenas sobre resistir; é sobre crescer juntos. E eu estou disposto a caminhar por essa estrada ao seu lado.

O olhar de Juliana iluminou-se. A confiança dele a inspirava e reafirmava sua decisão. — Você está certo. É como se estivéssemos construindo a fundação de algo sólido. Um amor que poderá resistir a todas as pressões que a vida lançar sobre nós.

Eles passearam pelo parque, cada passo os aproximando não apenas fisicamente, mas também emocionalmente. Cada conto sobre suas vida e experiências parecia tecer um laço ainda mais forte entre eles. Falaram sobre seus pais, suas crenças e até mesmo sobre os sonhos mais profundos que guardavam só para si. A conexão era palpável, como se suas almas estivessem dançando em uma harmonia perfeita.

Romeu decidiu então compartilhar um outro poema que havia escrito, um que era diferente, mais pessoal. Ele sentia que aquilo poderia levar a relação deles para um novo nível. Era a sua maneira de deixar claro o quanto Juliana significava para ele.

— Este é um poema que escrevi pensando em nós dois — disse, com um nervosismo meio doce que escondia a grandeza dos sentimentos que afloravam.

— Estou ansiosa para ouvir — respondeu Juliana, inclinando-se para mais perto, os olhos brilhando de expectativa.

— "Em cada olhar, um universo se revela, um destino por construir..." — e assim, as palavras fluiram de seus lábios, uma a uma, sendo adornadas pela beleza do que ele sentia.

Juliana escutava cada palavra como se fossem notas musicais, e, ao final, a emoção era visível em seu rosto. — Isso é tão lindo, Romeu! Nunca pensei que palavras pudessem tocar tão profundamente assim.

Eles se abraçaram, e naquele instante, qualquer insegurança dissipou-se como a neblina pela manhã. Olharam um para o outro com um entendimento silencioso de que estavam prontos para enfrentar os desafios, seguindo seus corações.

— Então, que tal fazermos um pacto? — sugeriu Juliana. — Um compromisso de esperar, mas também de nutrir esse amor com nossas ideias, poesias e momentos juntos.

— Eu adoraria! — Romeu sorriu, o brilho nos olhos epifânicos. — Nós podemos escrever um diário, onde registramos nossos pensamentos, poesias e esperanças. Assim, nossa caminhada será ainda mais rica e cheia de significado.

Ela concordou com um sorriso, e juntos começaram a caminhar para casa, com planos de voltar ao parque no dia seguinte, determinados a iniciar essa nova fase de suas vidas.

E assim, carregados de emoções e resoluções, Romeu e Juliana confiavam no futuro que estavam construindo, um futuro onde a espera se tornava um ato de fé, um ensaio de um amor que, embora ainda jovem, já prometia ser eterno.

Capítulo 2: A Promessa de Espera

O sol ainda estava a esconder-se no horizonte, então os primeiros raios de luz azulados se misturavam à brisa fresca da manhã. Romeu e Juliana haviam encontrado um espaço tranquilo no parque, um lugar onde o canto das aves e o sussurrar das folhas criavam uma sinfonia perfeita para os corações que pulsavam juntos. Era ali que eles se sentiam livres, onde a pressão do mundo exterior não parecia importar.

— Sempre pensei que a espera pelo amor verdadeiro era apenas uma frase bonita — começou Juliana, seus olhos reluzentes de emoção. — Mas, agora, ao seu lado, percebo que é uma promessa que vale a pena ser feita.

— Eu sinto o mesmo — respondeu Romeu, sua voz carregada de sinceridade. — Gostaria de fazer um pacto, um compromisso silencioso... de que mesmo quando as dificuldades aparecerem, nós estaremos um ao lado do outro, certos de que nosso amor é mais forte que qualquer tentação.

Juliana, com um sorriso tímido, balançou a cabeça em concordância. O ambiente ao redor parecia conspirar com eles. Havia algo palpável no ar, uma "magia" que os envolvia como um manto. Enquanto as palavras ecoavam em sua mente, Romeu tomou as mãos de Juliana entre as suas, como se quisesse selar um acordo sagrado.

— Vamos ser pacientes? Vamos esperar pelo nosso dia, pela nossa união, prepararmos nossos corações para o que está por vir? — perguntou, a ansiedade evidente em sua voz.

— Sim, vamos — afirmou Juliana, sua determinação resplandecendo através de seu olhar. — O amor exige cuidado, como um jardim que precisa ser irrigado e cultivado. A espera não é um sacrifício; é uma escolha de amar mais intensamente.

Ambos estavam cientes de que a decisão de esperar poderia ser desafiadora. Assim, falaram sobre o que isso significava. Juliana compartilhou como às vezes se sentia pressionada por amigos que não compreendiam sua postura, e Romeu, por sua vez, revelou sua luta contra dúvidas internas, temendo que a paixão pudesse facilmente se dissipar.

— Não estamos sozinhos nessa jornada, e você me faz acreditar de verdade — declarou Romeu, sua voz firme e resoluta. — Às vezes me pergunto como seria se déssemos ouvido aos outros, mas logo me lembro do propósito que queremos construir.

— E se olhássemos nossas expectativas como diamantes? — sugeriu Juliana, animada. — Eles precisam de tempo para serem polidos e lapidados, e são essas nuances que fazem deles o que são.

A comparação estabelecida por Juliana trouxe um senso de leveza ao momento, e logo, ambos estavam imersos em uma conversa rica, cheia de sonhos sobre um futuro onde poderiam ser eles mesmos.

— Poderíamos escrever cartas um para o outro, o que acha? — disparou Romeu, a empolgação tomando conta dele. — Registremos nossas esperanças e promessas em remessas a serem lidas nos momentos difíceis, quando o mundo parecer se embaraçar em nossas emoções.

— Essa é uma ideia linda! — a voz de Juliana estava repleta de entusiasmo. — Com as cartas, poderíamos revisitar o que realmente sentimos, as razões pelas quais escolhemos esperar um pelo outro.

Assistindo a conexão deles florescer, o ambiente parecia pulsar com a energia de um amor crescendo, lentamente, como um broto que enfrenta a terra dura para alcançar a luz do dia. E assim, com risos, eles trocaram promessas de amor e esperança. Prometeram que, mesmo diante de desafios, suas almas estariam sempre entrelaçadas.

A hora passou, mas ali, naquele espaço de tranquilidade e compreensão, o tempo não importava. Dali em diante, o compromisso já estava firmado: eles aguardariam. Estabeleceram um laço de cumplicidade que se tornara um pacto silencioso — um amor que resistiria às tempestades.

A conversa fluiu naturalmente até que um leve silêncio tomou conta — um silêncio não desconfortável, mas que trazia consigo aquele entendimento mútuo e a certeza de que juntos poderiam superar qualquer circunstância. Antes de se separarem, Romeu olhou nos olhos de Juliana e disse:

— Estou tão grato por tê-la ao meu lado. A espera pode ser longa, mas se é por você... eu espero uma vida inteira!

Em resposta, Juliana apertou suas mãos, agora entrelaçadas no calor de um amor sincero, e sorriu. Entre os sonhos que naquela manhã se formaram, a única certeza era a de que o poder da espera poderia transformar não apenas o que sentiam, mas o que ainda estavam destinados a conquistar.

O dia estava ensolarado, e o parque vibrava com o movimento dos jovens aproveitando a liberdade do final de semana. Romeu e Juliana estavam sentados em um banco de madeira, cercados pelo cantar dos pássaros e a risada distante de crianças que brincavam no gramado. No entanto, a tranquilidade do momento foi rapidamente envolvida por uma nuvem de insegurança que pairava sobre a nova promessa que haviam feito um ao outro: a espera até o casamento.

— Você já pensou no que nossos amigos dirão quando souberem que decidimos esperar? — questionou Juliana, mordendo o lábio inferior enquanto observava as folhas das árvores balançarem suavemente com a brisa.

Romeu, percebendo a preocupação na voz dela, inclinou-se um pouco mais perto. — Eu tenho pensado sobre isso. Alguns podem não entender. Há tanto barulho lá fora, e muitos querem que façamos o contrário... que sejamos impulsivos, que vivamos por essa entrega imediata.

— Você já sentiu a pressão deles? — Juliana perguntou, o tom de vulnerabilidade ressoando em suas palavras. Como uma onda, a dúvida poderia facilmente levar a futuros planos e esperanças pelo ralo. Era como se todos os desafios do mundo estivessem se condensando em suas conversas, e o ambiente leve fosse colocado à prova.

— Sim, e isso me incomoda — disse Romeu, passando a mão pelo cabelo de maneira nervosa. — Alguns dos meus amigos me dizem que estamos perdendo tempo. E se estivermos realmente errados? — A insegurança em sua voz disparou um eco de tensão.

Juliana assentiu, compreendendo a fraqueza que envolvia o amor puro que ambos queriam. O peso da opinião alheia poderia rapidamente se tornar um fardo difícil de carregar, especialmente quando os demais não percebiam o que realmente estava em jogo. Incentivados pela cultura da gratificação instantânea, todos ao redor pareciam ansiosos por resultados imediatos.

— Mas, e se estamos na estrada certa? A espera pode ser nosso maior presente — disse Juliana, atenta a cada palavra que saía de sua boca. — Todos eles podem não compreender a profundidade da conexão que estamos construindo. Vamos nos basear nisso.

— Você tem razão. Não podemos deixar que a pressão externa nos ameace — ele encorajou-se, reconstituindo a confiança quase perdida. — Não estamos apenas formulando uma promessa um ao outro, mas também estamos abraçando algo maior.

As vozes ao redor tornaram-se um ruído distante, e enquanto o sol brilhava, a conexão entre eles se aprofundava. Assim, foi nesse embalo de apoio mútuo que experimentaram um sopro de fé, um sentimento renovador que acendeu o espírito de ambos.

— Vamos ignorar as vozes que falam, e focar em nós — Romeu afirmou, não apenas em um gesto de resistência, mas como uma declaração firme de sua posição.

Enquanto o nervosismo o abandonava, um outro tipo de emoção começou a tocar seu coração: o alicerce de um compromisso mais forte do que nunca.

— Sim, somos mais do que opostos agindo em junção à pressão externa — respondeu Juliana, uma luz renovada nos olhos. — Podemos levar essa luta interna — uma luta de amor verdadeiro ampliada por uma escolha consciente, e não por pressão de terceiros. E assim, convergindo em um mesmo sentimento de dever, ambos sabiam que o triunfo nessa batalha de corações precisava parecer verdadeiro.

Com os pensamentos agora alicerçados em firmeza, Romeu e Juliana começaram a declamar em voz alta trechos de salmos que falavam sobre a espera, o amor e a fé. Era um hino à liberdade proporcionada pela escolha, ao mesmo tempo que se reafirmava em seu compromisso — não apenas com um ao outro, mas com suas próprias crenças.

Conforme a tarde avançava e o sol começava a mergulhar no horizonte, o telefonema de um amigo apressado interrompeu o momento. Os olhos de Juliana encheram-se de significado ao reconhecê-lo. A conversa dela abordou os sussurros da festa da escola que aconteceria naquela noite, repleta de amizade e inconsequência. O amigo não hesitou em convidar Romeu para ir.

— Você vai, né? Não precisa se preocupar com nada — disse Rufus, com uma risada despreocupada e um tom que deixava claro sua expectativa. Mas Romeu já sentia a tensão crescendo novamente ao lembrar-se das promessas que havia feito a Juliana.

— Na verdade, eu... — começou Romeu, apreciando a oportunidade de afirmar sua nova posição. Mas antes que pudesse terminar, foi Juliana quem ofereceu a resposta que construiu ao longo do dia.

— Ele não poderá ir, Rufus. Romeu e eu decidimos que queremos esperar. Estamos comprometidos a fazer isso corretamente.

O silêncio que ganhou espaço na conversa foi a maior prova da resistência que enfrentavam. O choque da declaração tinha atingido não apenas o amigo, mas envolto um eco de consideração generalizada sobre a luta interna que a sociedade incessantemente impunha a qualquer relacionamento saudável.

— Esperar? Você está brincando! Isso é loucura! Acha que todos vão entender isso? — A risada nervosa de Rufus não escondeu o desapontamento, enquanto a bem-vinda conexão emocional entre os dois desvanecia.

Juliana compartilhou um olhar significativo com Romeu, suas mãos entrelaçadas em afirmação, ancorando-se mutuamente. Assim, reafirmando sua decisão em uníssono, decidiram não se abalar pelas opiniões que podiam os afastar. Afinal, esperar ou se entregar eram escolhas pessoais nas quais apenas eles poderiam decidir.

— Na verdade, esse é o nosso caminho — Romeu respondeu, sentindo-se fortalecido. O compromisso verbal que tinham era timeless, colocando à prova todas as tentativas de persuadir seus corações. E olhando novamente para Juliana, ele percebeu que ali, naquele amor crescente, existia uma coragem que só poderia ser moldada conforme aquecia suas almas.

E, com isso, eles se separaram, sabendo que a jornada não seria fácil, mas a força que cultivavam um no outro os tornava mais preparados para libertar qualquer sombra negativa que poderia interceder entre eles e seu futuro promissor.

Enquanto se acomodavam no aconchegante canto do parque, Romeu e Juliana se preparavam para mais uma conversa carregada de sentimentos. O cenário era sereno; o sol brilhava, e a brisa suave acariciava suas faces. Juliana, segurando uma cópia da Bíblia em suas mãos, olhou para Romeu com a sinceridade de quem busca respostas profundas.

— Romeu, você já parou para pensar no que a Bíblia diz sobre esperar? — perguntou, o olhar iluminado pela curiosidade.

— Sim — respondeu ele, refletindo. — Existe um versículo que sempre me vem à mente: "Eu espero pelo Senhor; a minha alma o espera. Eu espero por sua palavra." (Salmos 130:5). Isso fala sobre renovar a esperança e confiança no que está por vir.

Juliana fez uma pausa, absorvendo cada palavra. — Acho que o ato de esperar é realmente uma demonstração de fé. Às vezes, fico questionando se estamos fazendo a coisa certa, se estamos prontos para essa espera todas as vezes.

— A espera molda o nosso caráter — Romeu disse com firmeza. — E não é só sobre o amor romântico. É sobre a jornada que fazemos juntos, a construção de algo sólido que poderá resistir a qualquer tempestade. Isso me faz lembrar de Romanos 8:25: "Mas, se esperamos o que não vemos, com paciência o esperamos."

As palavras de Romeu pareciam flutuar no ar como uma canção de amor. Juliana sentiu um calor reconfortante percorrer seu corpo. Afinal, a espera não era apenas uma pausa; era um caminho sagrado que traria crescimento e experiência.

— Olha, eu tenho essa imagem de um jardineiro — disse Juliana, deixando a metáfora escapar de seus lábios. — Quando ele planta uma semente, ele não vê os resultados imediatamente. Ele precisa cuidar da terra, regar e esperar. E assim, em tempo, a flor desabrocha.

Romeu sorriu, admirando o modo como ela conseguia dar vida a imagens tão vívidas. — E como as flores precisam de tempo e atenção, nós também. Ninguém colhe frutos de um relacionamento duradouro sem trabalhar por isso.

Juliana assentiu com a cabeça. A conexão que sentiam se tornou ainda mais palpável, como se a própria natureza estivesse escutando sua conversa e fazendo promessas de que o que está por vir será pleno.

— Eu tenho o sonho de um dia construir juntos um lar onde possamos criar flores — afirmou Juliana, quase sonhando acordada. — Um lar rodeado de amor, onde possamos compartilhar nossas experiências e nossa fé.

— E que todos saibam que as melhores coisas da vida são aquelas que vêm com paciência — complementou Romeu. — Precisamos entender que o crescimento requer tempo e que nossa jornada precisa ser rica em experiências.

O sol começava a se pôr, tingindo o céu com tons de laranja e rosa, e ali, naquele momento carregado de autoestima e esperança, eles se entreolharam sabendo que, juntos, poderiam enfrentar qualquer desafio que a vida os apresentasse.

— Sabe, eu estou feliz por você estar aqui comigo. Mesmo nos momentos difíceis, a fé que temos um no outro nos torna mais fortes — Roman não conseguiu evitar abrir seu coração.

Juliana sorriu, percebendo que as nuvens da dúvida estavam se dissipando. — Eu também! A fé é um elo que nos une.

E então, com a suavidade de um sussurro, eles reafirmaram sua busca por esperar, por cada passo que darão em nome da construção desse amor que, além de sobrenaturais, transformaria não apenas suas vidas, mas também impactaria a vida de tantos ao seu redor.

Com o compromisso de juntos nutrir aquele amor, eles decidiram terminar o dia com uma oração — uma forma de engrandecer a importância daquela promessa emanando em seus corações. Era um testemunho do poder da espera, afirmando que, juntos, poderiam conquistar o que há de mais belo em suas vidas.

Juliana observava atentamente as flores que floresciam ao seu redor, cada uma retratando um modo diferente de beldade e singularidade. Seu coração pulsava ao ritmo da mudança sazonal, uma lembrança constante de como a espera não era desperdiçada, mas um processo de lapidação. Roman estava ao seu lado, um jovem que rapidamente se tornara seu amigo, alguém que compartilhava não apenas seus sonhos, mas também suas inquietações e esperanças.

— Às vezes me pergunto sobre como será nosso futuro, não apenas em um contexto de amor, mas em um fato. O que é ter uma vida depois da espera? — a voz de Juliana exalou um misto de incerteza e expectativa.

Romeu encarou a jovem, refletindo sobre suas palavras. — Eu também já questionei isso. Imaginamos uma vida juntos que não se baseia apenas no físico, mas na compaixão que desenvolvemos, na amizade que nutrimos e nas experiências que compartilhamos, não é mesmo?

Juliana assentiu, um brilho de esperança iluminando seu olhar. — Sim! É assim que sempre quis, que nossa caminhada ficasse entrelaçada na fé e nos princípios que ambos acreditamos. O que me deixa inquieta às vezes é como nossos anseios se equilibram com as expectativas de uma sociedade apressada.

Romeu cruzou as pernas enquanto pensava. Ele sabia que as vozes externas frequentemente criavam dúvidas. — A pressão pode ser muito. Às vezes, sinto que é como estar em uma tempestade, onde todos gritam para você fazer algo — ele apontou, gesticulando com as mãos para ilustrar a cena como uma pressão real. — Mas temos um propósito maior que isso.

Um silêncio tranquilo envolveu os dois, enquanto apenas os sons da natureza preenchiam o ar. Juliana pegou uma pequena flor do chão e a observou com carinho. — E se tivéssemos que superá-los? Dizer o quanto é difícil manter a calma interior em meio a tudo isso, e ainda assim, trazer luz e fé ao nosso entorno?

— É exatamente isso! — Romeu exclamou. — Pois ao nos dedicarmos a essa espera, não estamos apenas sacrificando, mas construindo um legado. Ninguém precisa entender, mas nós sabemos que essa atitude é um reflexo acerca do amor que queremos garantir.

Juliana sorriu, sentindo que suas palavras reverberando em seu ser. Recordou-se das histórias que sempre escutara em sua juventude sobre casais que perseveraram além das expectativas e como fizeram suas promessas se fortalecerem. Isso a motivava a acreditar que, de um modo inexplicável, seus sonhos poderiam se concretizar.

— Sabe, eu sempre imaginei um futuro onde nossas vozes pudessem ecoar, inspirando outros — falou ela, o olhar fixo no horizonte. — Acredito que precisamos compartilhar essa experiência. Nossa espera pode tocar a vida de tantas outras pessoas que enfrentam dilemas como o nosso.

— Você tem toda razão. Imagino momentos onde podemos reunir pessoas que compartilhem nossa visão e façamos disso algo maior. Como um movimento! Como você teve esse pensamento extraordinário — Romeu respondeu com entusiasmo. A ideia acendeu uma chama de paixão entre eles, despertando um desejo que transcendeu a experiência singular do amor.

Enquanto discutiam planos e expectativas, o apoio se tornava palpável. E assim, juntos, projetaram um futuro repleto de realizações, um sonho que uniria suas ilusões e os detentores do bem, solidificando a promessa de que o amor e a espera, acompanhados da fé, poderiam ser transformados em algo grandioso.

Já alheios ao tempo e ao mundo lá fora, Roman e Juliana começaram a tecer os sonhos do amanhã, certos de que o que cultivavam agora seria grandioso, se evidentemente sustentado por paciência e amor sincero. E, à medida que o sol se punha, seus corações pulsavam em perfeita sincronia, como se a espera fosse um织ado, um elo costurado nas linhas do destino.

Capítulo 3: A Tempestade da Tentação

O parque pulsava vida. Os pássaros cantavam alegremente, e as flores, em suas cores vibrantes, pareciam dançar ao sabor da brisa descansar. Nesse cenário sereno, Romeu e Juliana se encontravam mais uma vez, mas a leveza do ambiente contrastava profundamente com a tempestade de emoções que se desenrolava dentro deles. Sentados sob a sombra de uma árvore frondosa, um silêncio pesado envolvia seus pensamentos, como um nevoeiro que não queria se dissipar.

— Você já notou como as pessoas falam? — Juliana começou, o olhar distante, perdido entre as pétalas ao seu redor. — Nossos amigos... eles não conseguem entender a razão pela qual decidimos esperar.

— É verdade — Romeu respondeu, a frustração evidente em sua voz. — Às vezes sinto que estamos nadando contra a corrente, como se todo mundo estivesse nos dizendo que devemos seguir o caminho mais fácil, o que nos leva a... bem, você sabe.

Juliana suspirou. — E o que nós queremos é diferente. Mas por que parece tão difícil? A pressão está em todo lugar, como um peso que insiste em tensionar nossos ombros.

Os olhos de Romeu, cheios de preocupação, buscaram a conexão com Juliana, desejando que ela sentisse a mesma segurança que ele. — Eu sinto isso também. Às vezes me pergunto se estamos realmente fazendo a escolha certa. Nossos amigos dizem que... acham que estamos perdendo momentos únicos.

— Eu gostaria que eles vissem — Juliana intercedeu, a intensidade de sua voz crescendo com a emoção. — Que a espera é como uma semente. Se não regarmos, ela nunca florescerá. E o amor verdadeiro... precisa de tempo para crescer!

Ambos refletiram sobre isso, o peso das expectativas de seus amigos e familiares quase lhes sufocava. Juliana sentia a dúvida atormentá-la. O que seus pais estariam pensando? Seriam eles a favor de sua escolha?

— Eu me pergunto se eles ainda têm amor por nós — confessou, a vulnerabilidade escapando entre suas palavras como um sussurro desprotegido.

— É natural suspeitar — Romeu disse, seu tom reconfortante. — Não podemos deixar que a pressão de fora nos desvie. A decisão que tomamos é entre nós e Deus. Precisamos ouvir as promessas que fizemos um ao outro.

A nuvem de incertezas dançava em torno deles, mas formava uma tempestade. Era fácil ser arrebatado pela tentação de ceder pelo desejo de agradar aos outros. Aquela conversa era um ponto de inflexão, um momento que poderia definir a força de seu compromisso.

— Talvez devêssemos encontrar conforto nas Escrituras, — sugeriu Romeu, sentindo uma necessidade urgente de buscar respostas. — Existem tantas passagens que falam sobre esperar e ter fé.

Juliana assentiu, buscando um semblante de esperança entre os versos sagrados que sempre a guiaram. — O que acha daquelas promessas em Romanos 8:25? "Mas, se esperamos o que não vemos, com paciência, o aguardamos."

As palavras reverberaram entre eles, como uma luz que se acendia em meio à escuridão do desespero. Com um novo ânimo, Romeu e Juliana trocaram olhares e começaram a compartilhar versículos favoritos que falavam sobre a força da fé e do encontro de almas.

— Olha, aqui diz em Salmos 27:14: "Espera pelo Senhor; tem bom ânimo, e fortifique-se o teu coração; espera, pois, pelo Senhor!" — pontuou Juliana, sentindo a força das palavras encher o espaço entre eles, como uma armadura contra qualquer tempestade.

Enquanto declamavam, uma melodia vindoura de um coral ao longe flutuava até seus ouvidos, criando uma combinação perfeita de fé e esperança. Os sentimentos de solidão e desespero foram gradualmente substituídos pela certeza de que não caminhavam sozinhos. Havia uma comunidade invisível, as vozes de todos aqueles que já haviam enfrentado suas próprias tempestades de dúvida e incerteza.

— Com isso, temos que proteger nosso amor, a espera é um investimento — Romeu concluiu, seus olhos confiantes naqueles da amada. — Não devemos deixar que a pressão externa nos interrompa.

— Juntos, somos mais fortes — finalizou Juliana, uma onda de determinação tomando conta dela. — Vamos usar nossa espera como uma oportunidade de crescimento, tanto em nossa vida juntos quanto individualmente.

E assim, os dois se uniram em um pacto silencioso, reforçando a fé não apenas um no outro, mas no amor que Deus havia destinado a florescer entre eles. As dúvidas ainda pairavam como nuvens cinzentas, mas encorajados pelas promessas e pela força que encontraram juntos, Romeu e Juliana compreenderam que poderiam enfrentar qualquer tempestade, desde que ficassem unidos.

Era um passo caloroso e audacioso nas águas desafiadoras de um amor que sabia esperar.

A insegurança paira entre Romeu e Juliana como uma sombra persistente. Enquanto o parque vibrava com a vivacidade dos jovens ao redor, eles se sentiam aprisionados em suas próprias incertezas. Cada risada distante parecia ecoar suas preocupações, amplificando a pressão que sentiam para se encaixar nos moldes que os outros esperavam.

— Você ouviu o que a Ana disse ontem? — Romeu começou, a voz baixa e hesitante. — Ela me perguntou se ainda acreditamos que essa espera vale a pena.

Juliana, com o coração apertado, mordeu o lábio inferior. — Sim, e não é só ela. Parece que cada vez que nos encontramos, alguém faz um comentário que nos faz duvidar — a frustração se espalhava por sua expressão. — Eles não entendem o que estamos fazendo aqui. Para eles, esperar é sinônimo de perder oportunidades.

— Eu sei... — Romeu concordou, as mãos se apertando em seu colo. — Às vezes, fico pensando se estamos errados. Será que conseguimos resistir? As tentações estão por toda parte, e o que sentimos é real. O desejo é real!

Juliana sentia seu peito apertar com a sinceridade das palavras dele. — Eu também tenho medo. E quando penso na reação dos meus pais, uma onda de insegurança me invade. O que eles dirão? Será que farão com que eu me sinta como uma estranha?

Romeu inclinou-se mais perto, buscando confortá-la com a sinceridade empática do seu terno olhar. — Nós precisamos ser verdadeiros um com o outro e conosco mesmos. Definirmos esse amor é uma luta, mas é uma luta que vale a pena.

Ambos eram conscientes do peso de suas escolhas. O mundo lá fora tinha pressa, enquanto eles caminhavam um passo de cada vez, decididos a não se deixar levar pela correnteza. Um desejo de agradar os outros e a busca pela aprovação tornavam as sombras mais profundas, criando uma tensão quase palpável.

— Sinto que, se não temos apoio, acabamos isolados, como se estivéssemos enfrentando uma tempestade sozinhos — Juliana murmurou, o olhar fixo no chão coberto de folhas secas.

— Eu também — Romeu respondeu, a voz carregada de determinação. — Mas não estamos sozinhos. A resistência, essa espera, nos fortalece e nos une ainda mais. Estamos trilhando um caminho que poucos entendem, mas que é nosso.

Essa revelação mútua trouxe um pouco de alívio. Sentados ali, compartilharam mais que um diálogo; dividiram suas almas. No entanto, a luta interna ainda estava presente, como um sussurro constante ao fundo, sempre pronto para lembrar que a espera não era uma escolha sem desafios.

Enquanto o sol começava a baixar no horizonte, tingindo o céu de laranja e rosa, Romeu olhou nos olhos de Juliana e, com uma leveza tira compartilhada, disse:

— Eu quero mais do que tudo conseguir lidar com isso ao seu lado. Não posso prometer que será fácil, mas prometo que estarei aqui. Juntos, podemos enfrentar qualquer tempestade, não importa quão feroz ela seja.

Juliana sentiu uma onda de gratidão surgir no peito. O amor que cultivavam era forte, mas a percepção de que poderiam precisar lutar por isso trouxe nova emoção. A clareza em suas promessas era a luz que iluminava o caminho escuro diante deles.

— Estamos juntos nessa — disse ela, um sorriso se formando em seus lábios. — E ainda que o caminho seja longo e cheio de obstáculos, sei que é plenamente válido. Vamos nos apoiar, um ao outro.

As palavras eram um pacto silencioso, um acordo que acalmava a tempestade em seus corações. A luta seria dura, mas o entendimento de que a espera era uma jornada e não um fardo começava a ressoar em suas almas.

Então, decididos e fortalecidos, eles começaram a se levantar, prontos para navegar pelas incertezas que estavam à frente. Sabiam que precisavam enfrentar pressões, mas também tinham um tesouro que poucas pessoas compreendiam: a força de um amor que esperava paciente, ambos determinados a lutar por aquilo em que acreditavam.

O ambiente no parque exalava vida, perfumado pelas flores recém-brotadas, enquanto as folhas dançavam suavemente ao vento sob os raios do sol. Romeu e Juliana se sentaram em um banco antigo de madeira, cada um perdido em suas próprias preocupações. Era um espaço que costumava parecer digno de serenidade, mas hoje carregava uma nuvem de incertezas que pesava sobre eles.

— Você já notou como as pessoas falam sobre nós? — Juliana quebrou o silêncio, sua voz suave carregando um peso que apenas ela parecia sentir. — Ontem, a Ana não perdeu a oportunidade de dizer que estávamos "cercando nosso amor em um campo de espinhos".

Romeu franziu a testa. — Eu a ouvi. É confuso, não é? Eles não entendem o que estamos construindo. Esperar não é um sinal de fraqueza, é uma escolha que fazemos juntos.

— Exato! — Juliana respondeu, animada, mas rapidamente uma sombra de dúvida se apossou de seu semblante. — Mas não é só ela. Às vezes, até eu fico confusa. Às vezes sinto que estou indo contra um rio que todos estão navegando. O que estamos fazendo é diferente, e ainda assim é... difícil.

Romeu sentiu seu peito apertar. Ele sabia que a pressão externa era real. — Todos esperam um amor rápido, instantâneo, que venha repleto de momentos físicos. Mas, para nós, isso não é tudo. E eu fico me perguntando... será que estamos perdendo oportunidades?

— Essa pergunta me assombra também — ela admitiu, fitando os próprios pés calçados em sandálias simples. Era como se cada folha caída representasse uma de suas incertezas. — E se nossos pais não apoiarem? O que se eles não entenderem porque decidimos esperar?

O desânimo a fez mexer nas mãos, enquanto Romeu a observava, seu coração agitado por vê-la tão incerta. — Vamos ser verdadeiros um com o outro — propôs, aproximando-se dela. — A espera é difícil, sim. Mas se a base do nosso amor for feita de desejo e atração carnal, estaremos perdendo a essência da nossa conexão.

Juliana sorriu tristemente, tocada pela sinceridade dele. — Essa conexão é profunda, Romeu, mas todo mundo parece torcer contra nós. O que fazemos é digno de resiliência, mas e se não conseguirmos?

E naquele momento, Romeu decidiu que precisavam de algo mais poderoso do que palavras de apoio. — Você confia nas Escrituras? — perguntou, a ideia ganhando força. — O que nós vivemos não está perdendo sentido. Vamos buscar consolo nas palavras de Deus. Vamos ler juntos!

Juliana, interessada e um pouco animada pela ideia, concordou. — Sim! A Bíblia sempre teve um jeito de nos conectar. O que você traz?

Enquanto abriram a Bíblia, Roman rapidamente encontrou um versículo e soltou em voz alta: "Mas, se esperamos o que não vemos, com paciência o aguardamos." (Romanos 8:25) Suas vozes soaram como um eco de esperança no ar.

— Isso é forte — observou Juliana, segurando a passagem enquanto os animais em volta continuavam a cantar, e o tempo parecia paralisar por um momento. — Precisamos ter paciência. Nossa fé é capaz de nos guiar em tempos de desespero.

— A espera é uma demonstração real de amor — Romeu continuou, decidido. — Lembra-se de Eclesiastes 3? Diz que há um tempo para tudo. Um tempo de espera, um tempo para amar.

Os olhos de Juliana brilhavam enquanto as emoções surgiam mais uma vez. Ali, cercados pela natureza e pelo silêncio, a presença de Deus se tornava evidente. As palavras se redesenharam em suas mentes como um mural repleto de esperança e delicadeza.

De repente, as harmonias de um coral ao fundo começaram a tocar uma melodia serena que flutuava na brisa, como se cada nota fosse um abraço da divindade. Romeu e Juliana pararam para escutar, e quem poderia imaginar que, naquele momento, sua fé não apenas os sustenta, mas se tornaria um santuário seguro no meio da tempestade de tentações.

Eles entendiam, portanto, que a espera não era um fardo, mas uma ponte. Um espaço onde cada um poderia crescer e se preparar para o que estava por vir. Enquanto o sol começava a se colocar, tingindo o céu de um denso amarelo alaranjado, um novo sentido de propósito brotava de seus corações.

— Estamos juntos nesta jornada, e ela apenas nos tornará mais fortes — Romeu concluiu, seu olhar intenso, reforçando a certeza no ar. — Que nenhum vento nos afaste desse caminho que estamos formando.

Juliana sorriu, envolvendo a mão de Romeu em um abraço caloroso. — Eu prometo; estaremos juntos enfrentando essa tempestade, sempre amarrando nossa fé à âncora de nossas almas.

Ambos levantaram-se com uma nova determinação, prontos para enfrentar a vida, sabedores de que cada passo, cada dia de espera, os aproximava ainda mais do que haviam prometido um ao outro. Com fé renovada e esperanças compartilhadas, Roma e Juliana partiram, prontos para abraçar os desafios que estavam logo à frente, certos de que a luz do amor os guiaria em cada passo dessa jornada emocionante.

A decisão de superar tudo juntos era mais do que apenas uma promessa; era um compromisso profundo que Romeu e Juliana estavam dispostos a cultivar. Nos momentos de incerteza e pressões externas, encontraram um refúgio no entendimento de que essa espera não era uma maldição, mas uma oportunidade de crescimento. No parque, enquanto os últimos raios de sol iluminavam o céu, ambos sentiram a força dessa verdade envolvê-los como um manto protetor.

— Nós conseguimos, não conseguimos? — Romeu sussurrou, seus olhos fixos nos de Juliana, como se quisesse se certificar de que estavam na mesma sintonia.

Ela sorriu, um sorriso radiante que iluminou seu rosto. — Sim, finalmente compreendo que este é um caminho de crescimento. Olhando para trás, percebo quantas lições já aprendemos juntos nessas conversas. Isso nos fortaleceu.

— E não estamos sós nesta jornada — Romeu reafirmou, seu semblante determinado. — As vozes ao nosso redor podem tentar nos desviar do que nos uniu, mas nós temos a própria força do nosso amor, que se intensifica a cada passo dado.

— Cada passo mesmo! — concordou Juliana. — E eu vejo isso como uma jornada não apenas para nós, mas uma luz que podemos compartilhar. Quem sabe quantos outros também se sentirão encorajados ao ver que nossa espera tem propósito?

Enquanto compartilhavam suas visões, uma sensação de esperança começou a envolvê-los. A ideia de que poderiam transformar sua experiência em uma busca por algo maior lhes deu forças. O compromisso de esperar já não parecia um fardo, mas um testemunho do que eram — uma demonstração de fé em um amor que resistiria às tempestades.

— Vamos fazer uma promessa agora — sugeriu Romeu, tomando a mão de Juliana entre as suas, forte e confiante. — Vamos nos comprometer a apoiar um ao outro, a lembrar os motivos pelos quais escolhemos este caminho sempre que a pressão ficar insuportável.

Juliana apertou suas mãos, sentindo a determinação mútua. — Sim, e que possamos lembrar que a espera é uma parte essencial do nosso crescimento. Cada dia que superamos juntos não é apenas uma vitória; é um investimento no nosso futuro.

Eles se olharam por um instante, revelando um elo que se havia fortalecido em meio aos desafios que enfrentaram. Ali, naquele instante sagrado, eles vislumbraram não apenas a realidade de suas lutas, mas a promessa de uma vida futura abundantemente cheia de amor e fé.

— E quando formos casados, lembraremos de tudo isso — Romeu falou com a voz cheia de emoção. — Cada desafio enfrentado juntos fará o amor que construiremos ser mais valioso, mais profundo.

— A cada atraso, a cada respiração que tomamos juntos, nosso amor se tornará ainda mais especial. Iremos emergir dessa espera não apenas como amantes, mas como parceiros de vida, prontos para enfrentar tudo o que vier pela frente — acrescentou Juliana, determinada.

O sol começou a se pôr, tingindo o céu novamente, agora com uma paleta vibrante de laranjas e roxos, como se o universo estivesse celebrando sua decisão conjunta de enfrentar a tempestade. Romeu e Juliana sabiam que não seria fácil, mas estavam dispostos a lutar juntos, unidos pela fé que embasava cada passo.

— Nós decidimos esperar, e isso é poderoso! — Romeu exclamou, seus sentimentos fervilhando à medida que a noite se aproximava. E enquanto o dia se transformava em noite, eles se aproximaram um do outro, envoltos em um abraço que simbolizava não apenas o amor que compartilhavam, mas a fervorosa determinação de permanecer juntos, inabaláveis diante do que viria.

— Que o Senhor nos acompanhe — murmurou Juliana, com uma confiança renovada em sua voz.

Com essa nova promessa gravada em seus corações, eles se levantaram daquele banco de madeira, prontos para enfrentar o mundo. A visão de um futuro cheio de luz e esperança agora ardia dentro deles, e estavam resolutos a carregar consigo a certeza de que, juntos, pudessem superar a tempestade da tentação e celebrar o poder da espera que tinham escolhido.

Capítulo 4: Conflitos Familiares

O ambiente na casa de Juliana carregava um clima pesado e tenso. Com a mesa posta, seu pai ajustava a toalha, enquanto a mãe organizava os talheres com precisão meticulosa. Era um retrato de uma família que tentava parecer tranquila, mas cujos rostos denunciavam a inquietude. Juliana, observando cada movimento, sentia as expectativas dos pais pesarem sobre ela como uma sombra constante. A conversa durante o jantar prometia ser difícil.

— Juliana, você precisa entender que essa história com o Romeu não é normal — disse a mãe, com a voz firme, quebrando o silêncio. — Esperar tanto tempo é um sacrifício desnecessário. O que você está perdendo?

O coração da jovem disparou. Ela tentava resistir ao impulso de se defender, mas as palavras de sua mãe a atingiam como facas afiadas. — Mãe, eu... eu só quero fazer a coisa certa, por mim, por nós — balbuciou, sua voz carregada de emoção.

— A coisa certa? — interveio o pai, a frustração contida visível em seu olhar. — Você está se isolando, criando um muro à sua volta. E o que as pessoas vão pensar? Isso não é apenas sobre você, é sobre a nossa família!

As palavras ecoaram na mente de Juliana como um eco persistente. Sentir-se dividida entre o amor por Romeu e a desaprovação de seus pais era angustiante. Como explicar a eles o que seu relacionamento verdadeiramente representava, como um amor resiliente, enraizado na fé e na espera?

Ela se levantou abruptamente, buscando a saída do ambiente sufocante. — Não estou isolando ninguém! Eu só quero que vocês entendam que escolher esperar significa escolher um futuro imenso — sua indignação falava mais alto que as inseguranças. — Vocês sempre nos ensinaram a ter fé, a esperar pelo que é certo!

Depois de um momento tenso, a mãe soltou um suspiro profundo. — Estamos aqui para você, Juliana. Não estamos contra você. Queremos te ver feliz. Pode ser que você não perceba... mas essa espera traz muita pressão.

Juliana mediu sua resposta, o peito apertado. Ela tinha que fazer mais do que apenas dar explicações; era necessário um pacto de entendimento, um diálogo aberto com as Escrituras que tanto valorizavam. — E eu não quero viver na pressão — confessou, sentando novamente. — Romeu me faz sentir livre e amado. Não estou apenas juntando as peças da minha vida, também estou construindo uma aliança baseada na fé. Isso, para mim, é viver.

O silêncio tomou conta da sala. A tensão dilatava o espaço à medida que os pensamentos se fragmentavam, mas, no fundo de seus corações, poderia existir esperança. Os pais de Juliana estavam sendo levados pela tradição, enquanto ela buscava um caminho não apenas respeitoso, mas verdadeiro.

No dia seguinte, Romeu se encontrou com seus amigos em um café. A conversa girava em torno de aniversário e churrasco, mas logo, as trocas alimentavam um ambiente de crítica às escolhas de Juliana e suas próprias convicções.

— Cara, o que está acontecendo com você? Está mesmo pensando que esse relacionamento dela é saudável? — Carlos, o mais provocador do grupo, jogou a pergunta.

— Eu só... acho que o que fazemos é importante. Esperar tem significado, não pode ser só um peso, entende? — Romeu emitiu as palavras com convicção, mas a dúvida na voz fez seus amigos rirem.

— Você falando assim parece um adolescente! O que foi que te disseram? — Paulo riu, com um tom sarcástico. — Você deve ceder, Romeu! Não pode deixar essa menina controlar seu coração.

Aquilo doeu. Romeu estava em um jogo em que a pressão social o espremeria contra a parede. Os amigos, mesmo que bem intencionados, não entendiam a profundidade de sua escolha. — O amor é diferente para mim. Não quero apenas um romance passageiro. Eu e Juliana estamos construindo algo de valor, um futuro com base na nossa fé!

O tom de defesa na voz de Romeu revelava o embate interno que enfrentava. Para ele, a decisão de esperar poderia significar oportunidades perdidas aos olhos dos amigos e das sociedades, mas era um investimento de fé, de amor e de lealdade.

Naquela noite, Juliana decidiu que precisava desabafar novamente com Romeu sobre o que pesava em seu coração. Ela queria que ele soubesse das pressões que estava enfrentando em casa. Ao se encontrar na clareira do parque em que sempre se viam, ela partiu em direção ao coração da questão.

— Sinto que, quando estou em casa, há uma tempestade prestes a se formar. Meus pais... eles não entendem — começou, nervosa, buscando nas estrelas um pouco de clareza.

— Você sabe que eu entendo. — Ele respondeu com suavidade. — Olhar para os nossos amigos e ouvir suas opiniões nos faz sentir que devemos nos justificar, mas não precisamos. O que temos é especial. Estamos apenas começando a viver a nossa história; e não podemos deixar que a pressão externalize nossas convicções.

Juliana assentiu, a iluminação das estrelas refletindo em seus olhos. — E se nós fizermos isso não só por nós? Mas também para mostrar a eles que essa espera traz segurança, como uma união que vale a pena lutar.

Os dois sentiram a verdade nas palavras que expressavam. Sim, a luta ainda estava à frente, mas juntos, poderiam superar. A ideia de cultivar amor era o que os inspirava a seguir, a enfrentar a desaprovação de amigos e famílias, e a se martelar como o aço na forja do futuro.

Juliana fez um gesto afirmativo e, ali, nessa clareira iluminada, o compromisso deles se aprofundava. Esperar não era uma maldição, mas uma promessa. E mesmo que a luta continuasse, a fé e o amor sempre seriam a relação gravitacional que os uniria, mesmo quando os ventos das pressões externas tentassem afastá-los da sua verdade.

— Juntos, seremos mais fortes — Romeu sussurrou com um sorriso, segurando a mão de Juliana firmemente.

Consciente dos obstáculos à frente, mas agora com um propósito renovado, eles se levantaram, determinados a enfrentar as tempestades e a seguir firmes na fé, lutando uns pelos outros, inspirando a própria verdade de que o amor, quando cultivado com paciência, floresce eternamente.

O ar na casa de Juliana era pesado, como uma tempestade prestes a se abater. Os pais, com expressões tensas, faziam os últimos preparativos para o jantar da família, enquanto Juliana se sentia cada vez mais como uma estranha em seu próprio lar. A expectativa pairava no ar, pesada e opressora.

— Juliana, precisamos conversar sobre o Romeu — começou a mãe, abrindo o coração de uma forma que mais parecia um ataque do que um diálogo.

Juliana sentiu um frio na espinha. Ela sabia que estava prestes a entrar em um campo de batalha que ela não queria, mas em que se via constantemente envolvida. — O que há de errado com o que temos? — respondeu, a indignação leve em sua voz.

— O que vocês têm? — A mãe tornou a perguntar, com uma expressão que misturava preocupação e reprovação. — Você sabe que ter um relacionamento tão sério e esperar desse jeito não é comum. E eu me preocupo com você. Não estamos contra o amor, mas contra essa pressão que vem com ele.

Juliana procurou conter as lágrimas, um enigma emocional dançando entre o desejo de ser feliz com Romeu e a obrigação de corresponder às expectativas familiares. — Esperar não é um fardo. E sim uma escolha. Uma escolha que eu e Romeu fizemos juntos.

O pai interveio, sua voz grave ressoando na sala. — Olha, sabemos que você ama o Romeu, mas há momentos em que você precisa pensar no que isso significa para a sua vida e para a nossa família. O que se espera de você não é só uma questão de escolha pessoal; isso impacta todos nós!

O coração de Juliana apertou. A grande expectativa social recaiu sobre seus ombros, e as palavras de seus pais pareciam um peso insuportável. Enquanto os olhares avaliativos a observavam, ela se sentiu como um peixe fora d'água, um alvo em movimento que nunca parecia acertar o que esperavam dela.

— Então é isso? Eu simplesmente deveria abrir mão do que sinto? Porque não é conveniente para os outros? — questionou, seu tom agora mais alto e firme.

— Não se trata de abrir mão! Nós apenas queremos que você se sinta realizada, querida — tentou a mãe com um tom mais suave, mas já era tarde para amortecer a dureza das palavras. — Você não quer estar presa em algo que possa te ferir mais tarde.

Naquele momento, Juliana não conseguia conter uma violenta onda de raiva que se formou em seu peito. Ela decidiu que não poderia mais viver à mercê das opiniões de outras pessoas. Precisava encarar a verdade, afinal, apenas ela conhecia o que sentia por Romeu.

— Eu gostaria que vocês pudessem entender — começou, respirando fundo. — Não estou isolada. Estou no caminho em que Deus me colocou, e a espera é uma parte desse caminho. Espero que um dia vocês possam enxergar isso.

E foi por isso que, em um gesto de abandono, ela se levantou da mesa, quebrando aquele momento de tensão que enchia o ar. O coração dela sabia que muito provavelmente enfrentaria novos desafios em casa, mas uma luz que refletia o amor que tinha pelo Romeu acendeu-se dentro dela, uma pequena chama que se recusava a se apagar diante da desaprovação dos pais.

A noite passou lentamente, e mesmo após o jantar, o clima permaneceu carregado de incertezas. Juliana decidiu que precisava desabafar com Romeu e encontrar consolo na presença dele, algo que sempre fazia sua alma se acalmar. Ao longo do caminho, refletiu sobre a conversa, rezando para que, em algum momento, seus pais pudessem abraçar suas decisões com amor e compreensão.

Enquanto isso, na mesma noite, Romeu se encontrava em um café com seus amigos, e a conversa rapidamente tomou um rumo que o deixou desconfortável. Eles falavam sobre Juliana e a decisão deles de esperar. As palavras o incomodavam, mesmo quando eram dito de forma brincalhona.

— Sério que você ainda está nessa? Pensando em esperar? — Carlos disparou, o humor dele quase ácido. — Esse relacionamento só existe no seu universo.

— Não é bem assim — Romeu defendeu, o rosto vermelho. Ele se sentia em uma lata de sardinhas apertadas, espremidas, o ambiente cheio de riso e desdém o sufocava. — Eu e Juliana estamos construindo algo profundo e verdadeiro. Não é uma questão de precipitação.

— Então você está disposto a abrir mão de tudo — Paulo zombou. — Amizades, noites divertidas, tudo isso por causa de uma garota que não sabe o que quer?

Romeu olhou em volta, tentando evitar o olhar dos que o cercavam. Era incrivelmente desanimador ouvir pessoas que não entendiam o coração da situação. Naquele instante, ele percebeu que as vozes de seus amigos eram apenas ecos distantes, não alimentando a chama que queimava dentro dele.

— O que eu e Juliana temos é real — ele afirmou, com uma firmeza que surpreendeu a todos na mesa. — E estamos fortes. A espera que escolhemos nos fortalece um ao outro. Precisamos desse espaço.

O olhar de seus amigos agora misturava ceticismo e curiosidade. A certeza de Romeu estava por um fio, e toda a sua determinação se transformava em combustível. Ele sabia que tinha em Juliana não só uma namorada, mas uma companheira disposta a lutar juntos por aquilo que acreditavam.

Na clareira do parque onde costumavam se encontrar, Juliana esperava. E enquanto ele se aproximava, uma conexão de amor inquebrantável os uniu, afastando as dúvidas que surgiam de lados diferentes. Ali, à luz das estrelas, onde o tenso conflito familiar e a pressão exercida por amigos se tornavam menos importantes, eles se abraçaram, uma redoma de força em meio à tempestade.

As palavras sobre a espera ainda ecoavam em suas mentes, mas agora, podiam fazer sentido; eram um passo a mais em uma jornada que era totalmente deles, redescobrindo cada energia. O que haviam construído juntos era real e, mais importante, Divine. Era um amor que perpetuaria qualquer desentendimento e prevaleceria em qualquer adversidade por vir.

— Juntos, podemos enfrentar tudo — Romeu sussurrou, o calor do compromisso selando a noite.

— Sim — Juliana respondeu, a segurança na voz dela era um reflexo de sua própria determinação. — E quando a tempestade da desaprovação voltar, nós nos manteremos firmes.

E assim, unindo-se em um pacto silencioso, eles aguardaram o que o amanhecer traria, confiando que, com fé e amor, enfrentariam com honra todos os desafios adiante.

A casa de Juliana se tornou um campo de batalha silencioso, dominado pelo peso do que estava em jogo. O jantar seria um teste não apenas de suas habilidades de comunicação, mas também de sua coragem para enfrentar o que parecia cada vez mais inevitável: o desapontamento de seus pais. Enquanto ela se preparava, o eco de risadas e o cheiro de comida caseira preenchia o ambiente, contrastando com a tensão que se acumulava dentro dela.

— Juliana, venha para a mesa! — chamou sua mãe, a voz ressoando com uma mistura de carinho e expectativa.

Juliana desceu lentamente, cada passo tornando-se mais pesado, como se carregasse o fardo das decisões que precisava tomar. Ao se sentar, percebeu que os olhares de seus pais estavam fixos nela, e o silêncio à mesa instigava um frio na espinha.

— Precisamos conversar — disse o pai, quebrando o silêncio que se estendia como uma neblina. — Sobre você e o Romeu.

As palavras dispararam um turbilhão de sentimentos dentro dela. Em vez de se sentir acolhida, Juliana sentiu uma pressão crescente, como se a sala estivesse cheia de olhos inquisidores, prontos para julgar suas escolhas.

— O que tem para dizer? — Juliana respondeu, sua voz quase um sussurro, mas carregada de determinação.

Sua mãe respirou fundo, como se estivesse se preparando para um discurso complicado. — Queremos que você seja feliz, querida. Mas queremos também que você conheça a realidade.

— Realidade? — Juliana perguntou, a indignação começando a se infiltrar em sua voz. — Existe mais do que uma única forma de ser feliz. Acredito que o amor verdadeiro se baseia em esperar e querer conhecer a própria espiritualidade.

O pai cruzou os braços, claramente incomodado. — Vocês parecem estar perdidos. Esse tipo de relacionamento, essa insistência em esperar... é perigoso. Temos medo de que você se machuque.

— Machucar? — Juliana repetiu, a perplexidade transformando-se em frustração. — O que está em jogo é o meu futuro, e eu sei o que escolhi. O que temos é um amor que nos une, não podemos simplesmente ignorar isso por causa do que "expectativa" se espera na sociedade.

As palavras firmes da filha soaram na sala, e por um breve momento ecoaram. Juliana viu a surpresa no rosto da mãe. Mas logo, a expressão de preocupação retornou.

— Ouça, não é só sobre você e Romeu. Se você fica tão embrenhada assim nessas decisões, pode acabar isolando sua família — declarou a mãe, as lágrimas piscando em seus olhos. — Estamos aqui para você, queremos seu bem, mas parece que não nos ouve.

Juliana sentiu a dor e a preocupação refletidas nos olhares de seus pais. Como poderia explicar-lhes a profundidade do amor que sentia por Romeu? Como poderia passar por cima das expectativas construídas durante anos? Ela respirou fundo, tentando encontrar as palavras certas.

— Mãe, pai — começou ela, a voz tremendo de emoção. — Quero que entendam que, para mim, o amor não é apenas um sentimento passageiro. O que estou construindo com Romeu é baseado na fé, na paciência e na compreensão de um amor que não se apressa. Todas as promessas que fizemos são um privilégio.

Nesse momento, as paredes do que era uma disputa começaram a se desfazer lentamente. Embora as preocupações deles ainda fossem palpáveis, o espaço para o diálogo parecia se abrir. Juliana sabia que precisaria ir além do discurso e entrar no território das emoções.

— Vocês também tiveram suas lutas, certo? — disse, tentando trazer a humanidade à conversa. — O que foi que você aprendeu e o que poderia me ensinar?

O silêncio tomou conta mais uma vez, mas agora, estava carregado de ponderação. O pai, com seu voz firme tom baritônico, começou a reviver memórias que não eram vistas em livros nenhuns.

— Sim, passamos por muitas coisas — ele admitiu, o rosto suavizando um pouco. — É verdade que o amor pode ser desafiador e também dá medo. Se a vida nos mostrasse somente o lado perfeito, como poderíamos ensinar a você?

Juliana aproveitou a oportunidade. — Mas não é isso que busco. Quero aprender com as dificuldades, não apenas com os contos de fadas. E acho que o amor é muito mais do que um final feliz; é sobre cada passo dado.

As palavras de Juliana penetraram profundamente, abrindo portas para compreensão. Depois de mais algumas falas carregadas de emoção, o jantar, inicialmente tenso e repleto de indiferença, transformou-se em uma conversa emocionada entre três corações desejosos de se entender.

Naqueles momentos, o desejo de se conectar tornou-se mais forte que o medo e a preocupação. Era como se as paredes à sua volta estivessem caindo, e em vez do apego à tradição, um novo alicerce de amor e aceitação estava começando a ser erguido.

Conforme a conversa evoluía, Juliana pôde sentir a esperança surgir. Sem perceber, os laços da família estavam se reatando, e sonhar com um futuro respeitável e justo começou a brilhar intensamente na vida dela.

Enquanto isso, Romeu se encontrava em um café local, debulhando as memórias de sua relação com Juliana. Os amigos faziam comentários sarcásticos sobre o que parecia um relacionamento antiquado, enfraquecendo a fé que um dia teve. Mas a realidade estava se refletindo com um brilho a mais. Ele sabia que, por mais desafiadora que fosse a espera, valia também a pena lutar.

Ele ouviu seus amigos zombarem, mas inebriado em seu amor por Juliana, Romeu sentiu a intensidade de sua própria escolha como um farol brilhante em meio a uma tempestade.

— E o que vocês estão "perdendo" era o que eu escolhi e vivenciei — ele afirmou, a voz confiante crescendo em meio ao que poderia ser cético. — Esperar por amor é um teste de caráter, e julgar essa experiência é não entendê-la.

Ao se despedir, Romeu fez uma promessa silenciosa para si mesmo. Ele não desistiria de Juliana. Estava disposto a ir até o fim, enfrentando os medos e frustrando todos aqueles que buscavam derrubar sua convicção de verdade.

Foi nesse contexto que os dois se encontraram novamente em um parque iluminado. A conexão entre eles era palpável, como se toda a tensão acumulada durante sua ausência evaporasse ao toque da mão um do outro. Com corações elevados pelo amor e fortalecimento espiritual, estavam prontos para suportar qualquer tempestade que se aproximasse de suas vidas.

Agora, determinados a se apoiar, tanto nas rixas familiares e sociais, como em suas próprias vozes, Romeu e Juliana estavam em uma nova direção. E, ao olharem um para o outro, sabiam que a espera não era um fardo e que juntos, poderiam enfrentar tudo aquilo que viesse.

Era uma nova compreensão e renovação que surgia, e ambos sorriam, prontos para viver e lutar pela verdade de sua fé. Como dois pássaros que, após a tempestade, voam livres em céus abertos, assim eram eles — juntos e resilientes, ainda inundados de paixão.

A decisão de assumir a luta pelo que se cria e aguardava tinha se acendido neles como farol em meio ao mar profundo, e era isso que fazia o amor valer todo o sacrifício. As vozes de fora poderiam ser altas, mas vivendo em sua verdade, encontraram forças mútuas e o caminho perfeito a seguir. Com esperança e fé, conversas tornaram-se reafirmações de confiança mútua e promessas renovadas de que a espera era parte de seu caminho chamado amor.

E assim, juntos, enfrentam com firmeza os conflitos que estavam por vir.

A tensão na casa de Juliana era quase palpável, um peso que parecia se espremer entre as paredes enquanto os pratos eram dispostos na mesa. Seus pais, mesmo sem trocar muitas palavras, trocavam olhares que falavam volumes. A expectativa do que estava por vir pairava no ar, como uma sombra indesejada.

— Juliana, precisamos conversar sobre você e o Romeu — as palavras de sua mãe quebraram o silêncio, trazendo à tona a ansiedade que pulsava dentro dela.

Ela não sabia como responder de imediato, mas uma onda de frustração começou a subir. — O que há de errado com o que temos? — perguntou, tentando conter a indignação.

O pai, com o semblante sério, interrompeu. — Não se trata de estar errado; é sobre você se isolar. Esse tipo de relacionamento é cada vez mais incomum, e temos preocupações quanto ao que isso significa para você.

Juliana sentiu seu coração afundar. O que seus pais não conseguiam entender era que a profundidade de seu amor por Romeu era real e verdadeiro, uma conexão que era feita não apenas de desejo, mas de respeito e espera. — Nós estamos juntos nisso, e isso é mútuo! O amor verdadeiro exige tempo, não é apenas sobre estar junto fisicamente.

A mãe a olhou, os olhos brilhando com uma mistura de preocupação e um toque de tristeza. — Justamente por isso, me preocupo com você. Aqui em casa, sempre falamos sobre as alegrias do amor e a importância de viver plenamente as experiências. Alguma vez você se perguntou o que pode estar deixando de lado ao manter essa escolha?

Juliana sentiu um nó na garganta. Ela lutou contra as lágrimas, sabendo que precisava falar, que precisava ser forte. — O que eu sinto por Romeu é uma construção de algo muito mais forte do que vocês têm no pensamento. Estou aprendendo a esperar por algo que vale a pena. Não se trata apenas de estar com alguém, mas de construir uma vida juntos, fundamentada na fé.

O pai passou a mão pelos cabelos, parecendo imerso em pensamentos. — Mas você vê a pressão que isso traz para o dia a dia? Ok, entendemos parte do seu amor, mas não podemos permitir que isso a leve a um estado de desespero — disse ele, a preocupação evidente na voz.

Juliana sentia que a conversa estava se distanciando de qualquer lugar produtivo, um caminho que a levava a um precipício de dor e insegurança. — Não estou desapontando ninguém. O amor que ofereço ao Romeu é um amor que espera, e sei que vale a pena.

A tensão subiu à superfície, e Juliana decidiu que precisava se retirar daquela situação sufocante, tentando respirar adequadamente. — Compreendo seu ponto de vista, mas isso é sobre mim e sobre o que eu quero para o meu futuro!

Enquanto caminhava para o quarto, suas emoções estavam à flor da pele; era como se cada palavra dita à mesa despejasse um peso que preenchia todo o volume de seu coração. O amor que sentia por Romeu não era casual, era um investimento no futuro que ela desejava criar. Virando-se para os pais, disse: — Espero que um dia vocês possam ver a verdade por trás da minha escolha.

Enquanto as horas se arrastavam, Romeu, do outro lado da cidade, se encontrou em um café com seus amigos. Porém, enquanto os rapazes desfrutavam do momento, isso apenas amplificou a pressão borbulhante em Romeu.

— Você já parou para pensar que isso pode ser uma grande besteira? — disparou Carlos. — O que você está fazendo, cara?

— O que você sabe sobre minha vida? — Romeu disse, a frustração em seus magros olhos. — Eu e a Juliana temos um propósito. Não sou só mais um namorado; faço isso por amor, que é muito mais profundo do que você entende.

A mesa, por outro lado, estava cheia de risadas e provocações que atiravam contra o que ele acreditava. Era uma pressão constante, fazendo com que a insegurança o consumisse por dentro. Ele se sentia cada vez mais isolado enquanto tentava explicar o que seu coração já sabia.

— E se a Juliana não estiver disposta? O que vai fazer quando perceber que o amor não é tudo isso? — Carlos riu, mas o tom falso fez Romeu querer gritar com ele.

— Acredite, estou persuadido de que o que temos é especial — Romeu disse com firmeza, decidindo que não ia se deixar abalar pelas provocações.

De volta à casa de Juliana, a discussão com os pais deixara cicatrizes dolorosas, e ela sentiu que precisava urgentemente falar com Romeu. Assim, apesar da pressão, ela decidiu ir até ele, determinada a que a amizade deles não fosse abalada pelas dúvidas.

Ao se encontrar com Romeu no parque, seu coração estava pesado, mas ela apostava tudo o que tinha no amor que cultivavam. — Precisamos conversar sobre o que aconteceu — disse, entregando-se ao momento.

— Com certeza. Eu estava pensando sobre a nossa conversa, e a pressão que estou enfrentando se torna cada vez mais intensa. Olha, não deixe que te derrubem — ele respondeu, seus olhos queimando com a paixão por Juliana. — O que temos é real, e precisamos manter essa chama. Não fique tão afetada pelos que querem nos afastar.

Juliana sentiu que a certeza de Romeu iluminava sua alma. — Meus pais... eles não entendem. E estou começando a ter medo de que essa pressão os afete — seus olhos se encheram de lágrimas.

— Eu também estou lidando com isso. Fui a um café e os caras não entenderam. O que devemos fazer é acreditar e permanecer firmes em nossa esperança — ele suspirou, segurando a mão dela e passando um devoto calor por todo o corpo. — A espera é como a construção de um castelo. Precisamos assentar muito bem as fundações primeiro.

Juliana olhou para Romeu e recebeu aquela luz que ele oferecia como uma dádiva preciosa. — Isso é verdade, e ficar duvidando não vai nos levar a lugar algum. Precisamos nos apoiar, ver além do que as adversidades estão dizendo.

E assim os dois se uniram em um pacto de determinação, prontos a enfrentar com coragem o que viria a partir dali. Eles poderiam não ser compreendidos, mas ofereciam um amor que era verdadeiro, e sabiam que conseguiram edificar algo que os desafiava todo o tempo.

Ao se separarem naquela noite, ambos sentiram uma conexão renovada. O caminho era repleto de pedras, mas se fortaleceriam juntos em meio à tempestade de desaprovação. Tinha um amor por trás da espera que estava, com certeza, destinado a florescer.

Assim, Juliana e Romeu deram o próximo passo, determinados a não permitir que as vozes à sua volta apagassem a chama de seu amor e a luta por algo maior.

Capítulo 5: A Profundidade da Fé

O sol já começava a se pôr, lançando uma luz suave sobre o local do retiro, onde a serenidade parecia abraçar a todos que ali estavam. O ar fresco e o cheiro das flores silvestres criavam um ambiente perfeito para a introspecção. Quando Juliana e Romeu chegaram, sentiram a leveza que envolvia o lugar, um alívio em meio aos conflitos que enfrentavam.

Enquanto caminhavam juntos em direção à sala principal, os olhares se cruzaram carregados de expectativa. — Você está nervosa? — Romeu perguntou, segurando a mão dela com carinho.

— Um pouco, — Juliana respondeu, sua voz suave. — Mas estou muito mais animada. Sinto que isso pode nos ajudar a encontrar um novo caminho.

Neste momento, líderes do retiro deram boas-vindas, apresentando o propósito do fim de semana: explorar a fé e a importância da espera na construção de relacionamentos. As luzes estavam tênues, criando uma atmosfera acolhedora, à medida que os participantes se acomodavam.

Logo, as vozes começaram a se unir em um momento de adoração e oração, e Juliana sentiu seu coração pulsar rápido em sincronia com os demais. Era um convite à reflexão. A música elevava seus espíritos, e ao mesmo tempo, trazia questões à tona a respeito das promessas e da espera por algo maior.

Os minutos pareciam fluir como um rio sereno, e ao final, um dos líderes incentivou a partilha de testemunhos. Juliana, sentindo o impulso em seu interior, levantou a mão e decidiu compartilhar sua história.

— O que tenho vivido com Romeu é algo que nunca pensei que eu pudesse descrever — começou, a voz trêmula, mas com emoção. — A espera se tornou um caminho de crescimento para nós. Às vezes, a pressão e a dúvida tentam nos derrubar... mas aqui, nesta sala, percebo que somos parte de algo muito maior.

Enquanto Juliana falava, Romeu a observava com admiração. Ele apoiou suas palavras, compartilhando também sobre as lutas que encararam e como a fé os mantinha juntos. — Quando prometemos esperar, não apenas colocamos nosso amor em prática, mas nos tornamos mais fortes, não apenas como um casal, mas como indivíduos.

Os outros participantes escutavam atentamente. Em seguida, um jovem se levantou e começou a relatar a sua própria experiência e como conseguiu superar desafios semelhantes. O sentimento de união naquele espaço foi crescendo, trazendo esperança e encorajamento para todos.

Após algumas partilhas emocionantes, o grupo foi incentivado a meditar sobre suas próprias histórias e os passos necessários para seguir em frente. Rompendo o silêncio, Juliana virou-se para Romeu e disse: — Isso é o que precisamos, um foco renovado e a certeza de que nossa espera é válida.

Eles começaram a falar sobre as novas resoluções, discutindo o que significava para cada um ter fé em momentos difíceis. Romeu, com seu olhar firme, disse: — Enquanto estivermos juntos nesse caminho, sinto que podemos enfrentar qualquer tempestade.

O clima da sala ficou tenso por um momento, como se as promessas que estavam fazendo criassem uma corrente de energia palpável. Aquela atmosfera de comunhão propiciava esperança e otimismo.

Encerrou-se o primeiro dia de atividades com um desafio: cada participante deveria escrever em um papel o que realmente esperavam alcançar com sua fé. Ao observar seu reflexo no espelho d'água do lago próximo, Juliana percebeu que o amor e a espera podiam ser os pilares do seu futuro.

E assim, enquanto as estrelas começaram a brilhar no céu, Romeu e Juliana sentaram-se lado a lado sob uma árvore, os corações entrelaçados pela mesma ideia. Em frações de segundos, cada um fez uma promessa silenciosa à luz da fé que cultivaram durante anos.

— O que temos é mais do que um amor; é um pacto — Romeu sussurrou, sua voz profunda ressoando em meio à tranquilidade da noite.

— Um pacto que nos fortalece e nos guia, — Juliana disse, fechando os olhos e sentindo a brisa leve na pele. — E esse retiro nos lembrou da importância de esperar e confiar no plano que Deus tem para nós.

Ficaram ali, imersos em pensamentos, celebrando o renascimento da esperança que agora permeava o ambiente. Assim, enquanto o retiro continuava, eles não apenas participavam das atividades, mas se permitiam sentir o crescimento da fé e a certeza de que, juntos, poderiam superar qualquer obstáculo que a vida lhes apresentasse.

As luzes suaves do retiro iluminavam o ambiente enquanto os participantes se acomodavam nas cadeiras. A sala estava repleta de jovens que, como Juliana e Romeu, buscavam respostas e um sentido mais profundo em suas próprias jornadas de fé. Era um espaço sagrado, onde as vozes de louvor e adoração ecoavam, entrelaçando os corações em uma única harmonia.

Juliana e Romeu trocaram olhares, e a tensão que havia se acumulado nos últimos dias começou a se dissipar-se. O que se avizinhava era uma oportunidade para eles. Tempo para refletir e se conectar de maneira mais íntima com suas crenças, com aquilo que realmente significava esperar.

— Sinto que isso pode ser um divisor de águas para nós — disse Juliana, um brilho nos olhos, enquanto a música envolvia a todos numa suave atmosfera de amor e esperança.

Romeu sorriu, percebendo a profundidade de suas palavras. — Exatamente, esse lugar parece convidar à cura e ao renascimento. Estar aqui é como receber inspiração divina, um lembrete de que o caminho da espera é um caminho de fé.

Com o decorrer das atividades, um líder do retiro convidou os jovens a compartilhar suas histórias e aprendizados. Um silêncio respeitoso se abateu sobre o grupo. Juliana, tomada por um impulso que não conseguia conter, levantou a mão e se apresentou, decidindo abrir seu coração.

— Meu nome é Juliana e, embora esteja enfrentando muitas dificuldades, aprendemos que esperar é uma virtude — começou, a voz trêmula mas firme. — Eu e Romeu decidimos esperar até o casamento. Às vezes, isso significa enfrentar críticas, não apenas de amigos, mas também da nossa própria família. No entanto, acreditamos que, com fé, estamos buscando algo maior.

As palavras dela ecoaram na sala e trouxeram uma onda de reconhecimento, pois vários participantes também se viram nas mesmas lutas. Aos poucos, outros jovens começaram a se levantar e compartilhar suas próprias experiências, refletindo sobre a importância de esperar pelo que é certo, mesmo quando os desafios se tornam mais intensos.

— É muito mais do que uma espera, é uma construção de caráter — disse um jovem chamado Felipe, com os olhos brilhando em meio à penumbra do ambiente. — Às vezes, as pessoas não entendem a beleza e graça em esperar, mas a verdade é que nesse processo de espera se encontra a verdadeira liberdade.

Juliana sentiu-se envolvida pelo espírito solidário e de aceitação que permeava o local. As histórias fluíam como água fresca, capturando suas inseguranças e transformando dúvidas em declarações de fé. Romeu, sentado ao seu lado, segurou sua mão firmemente, como se reafirmasse que enfrentariam tudo junto, lado a lado.

— Nossos relacionamentos requerem sacrifícios e, muitas vezes, desafios, mas é por meio deles que crescemos — continuou Romeu, emocionado com as partilhas. — Estou convicto de que cada escolha difícil que fazemos nos aproxima da nossa verdadeira missão.

A energia na sala se intensificou com cada depoimento, e a vulnerabilidade e sinceridade que surgiram foram como um bálsamo para a alma. O grupo estava construindo um senso de comunidade e apoio mútuo.

Ao final da parte da partilha, um líder do retiro se dirigiu ao grupo, propondo um momento de oração em pequenos círculos. Juliana e Romeu foram convidados a se unir a um grupo de jovens que se encontraram no espaço. As mãos se entrelaçaram, e em meio a orações fervorosas, era palpável a conexão espiritual que tomava forma ali.

— Que possamos ser guiados em nossa espera e fortalecidos em nossa fé, — disse um dos jovens do grupo. Foi uma declaração simples, mas carregada de um significado profundo, uma súplica que toca cada coração presente.

Juliana e Romeu começaram a sentir uma mudança dentro deles. Não apenas a pressão externa estava se dissipando, mas um novo entendimento e convicção estavam nascendo. A espera deles por um amor sólido e guiado pela fé não era um fardo, mas uma bênção que, certamente, os levaria a um futuro juntos.

Naquele momento, a percepção do que realmente significava esperar se tornou uma riqueza. As orações foram preenchidas com esperanças renovadas, e assim, ao se segurarem das mãos, os dois sabiam que estavam firmando um compromisso com a fé, com eles mesmos e com o amor que estavam construindo.

E sob as luzes do retiro, com o calor das palavras sussurradas em oração, Juliana e Romeu se sentiram mais preparados do que nunca para enfrentar os desafios que viriam, determinados a nutrir o amor que a espera sempre promete.

Os participantes do retiro estavam postos em pequenos círculos, e o som suave das vozes se mesclava harmoniosamente ao ambiente ao redor. Juliana e Romeu se encontraram em um desses grupos, onde logo tiveram a chance de expressar suas preocupações sobre a espera e o que ela significava para eles.

— O ato de esperar não precisa ser uma carga — começou Juliana, sua voz suave contrastando com a atmosfera acolhedora. — Na verdade, é um tempo valioso de aprendizagem. Eu percebo isso a cada dia.

Romeu, sentado ao seu lado, segurou sua mão com força, como um sinal de encorajamento. Ele sabia que aquela confissão era tanto um desabafo quanto uma afirmação do que ambos haviam construído. — Juliana tem razão. A espera pode ser enriquecedora quando a encaramos como um ato de fé. Estamos construindo algo maior do que nós, e isso dá sentido a cada momento.

Outros participantes ouviram atentamente, e um jovem aproveitou a deixa para compartilhar sua própria experiência. — Sinto que a pressão externa, a necessidade de agradar os outros, muitas vezes me faz questionar se minha espera é válida. Mas, quando olho para dentro, percebo que é essa espera que refina meu caráter e fortalece meu relacionamento com Deus.

As palavras boas dançavam no ar que permeava o grupo, e Juliana sentiu uma onda de empatia e conexão. O ambiente estava se transformando em um espaço sagrado de partilha. A cada depoimento, uma nova camada de entendimento emergia, fazendo com que todos se sentissem acolhidos na luta que travavam.

Com a dinâmica da conversa em evolução, um dos líderes do retiro propôs que cada participante escrevesse uma carta para si mesmo, refletindo sobre suas esperanças e intenções para o futuro. Essa atividade tinha como objetivo ajudar cada um a consolidar as verdades que haviam descoberto sobre a espera e a fé.

Juliana apanhou uma caneta e um papel que lhe foram entregues, enquanto Romeu olhava para ela, incrédulo sobre a liberdade que sentia naquele momento, um desafio ao que havia enfrentado até então. — Eu prometo que vou te apoiar, qualquer que seja sua decisão, — sussurrou ele, os olhos firmes numa mistura de esperança e devoção.

Com o espírito renovado e as palavras fluindo, Juliana começou a escrever. Suas anotações foram preenchidas com descrições do amor que compartilhava com Romeu, as inseguranças que enfrentava e a promessa de que a fé sempre guiará seus passos. Enquanto isso, Romeu escrevia sobre seus próprios desafios e como a determinação em esperar poderia se transformar em um testemunho poderoso de fé.

Após alguns minutos, o líder pediu que compartilhassem com seus grupos as reflexões. Quando Juliana leu sua carta para o pequeno círculo, uma onda de emoção a envolveu. Cada palavra ressoava forte significado e verdade.

— O que construímos juntos está além de qualquer pressão externa, — terminou, os olhos brilhando em um misto de sentimentos. — Nós temos algo que vale a espera.

Romeu, em seguida, se levantou para compartilhar. A força em sua voz era tangível. — A espera não é um fardo, mas um presente que estamos nos dando. Olhemos para essa jornada como uma oportunidade de crescimento; cada passo vale a pena!

E assim, à medida que cada um compartilhava, aquela sala se transformava em um testemunho de união, de forças coletivas que se elevavam como uma oração. Eram jovens decididos a esperar, empoderados pela sua dimensão espiritual.

Com os rostos iluminados e a conexão entre eles apaixonada, o grupo finalizou a sessão com uma oração em conjunto, onde cada um havia dado um passo adiante em sua fé. E ao terminarem, um compromisso silencioso havia sido selado — o de não apenas esperar, mas de viver a fé diariamente. Esse seria o caminho a seguir.

Pouco depois, o final do dia se anunciava, como o calor suave do pôr do sol atravessando a janela. Juliana e Romeu se encontraram à beira de um lago, onde as reflexões tomadas nas orações ecoavam.

— Olha, todo esse processo... — começou, suspirando, enquanto observava sua imagem refletida nas águas tranquilas. — Parece que estamos criando raízes profundas, e as dúvidas que sinalizavam o que 'deveríamos' fazer agora estão se dissipando.

Romeu sorriu calorosamente. — Sim, esse retiro nos mostrou que a espera é tão intensa quanto o amor que temos um pelo outro. Não estamos sozinhos nessa viagem; temos uma comunidade que compreende e abraça nossa luta. E Deus está acima de tudo isso.

O silêncio foi um abrigo para as palavras ditas. Refletindo sobre o significado da espera, ambos sentiram que o amor daquela comunhão em Cristo estreitara ainda mais seus laços, transformando dúvidas em uma determinação renovada para não apenas aguardar, mas viver cada momento como parte de uma jornada santa.

Olharam um para o outro, sorrisos se alargando nos rostos. Ali, à beira do lago, uma nova dimensão de seus corações se abria. Eles perceberam que ter fé era um presente não só para si, mas também para cada um que poderia ser impactado por suas escolhas, histórias e a beleza de serem exemplos vivos.

Cediam ao arrobo da força da decisão de esperar, e isso acendeu um brilho de esperança em suas almas. A jornada estava apenas começando, mas juntos — estabelecendo uma ponte de amor e fé inabaláveis — estavam prontos para a promessa de um futuro esplêndido.

Assim se encerrava o dia, não apenas com uma nova clareza sobre a espera, mas também com um sopro vibrante e energizante que conduzia tanto Juliana quanto Romeu ao futuro que tanto almejavam. Como árvores nascidas de uma rica semente, eles estavam prontos para crescer e florescer juntos, alicerçados na escolha que fizeram de amar e esperar.

Juliana e Romeu sentaram-se na margem do lago, rodeados pela tranquilidade que o retiro oferecia. A luz suave do crepúsculo iluminava seus rostos, refletindo a mudança que ocorria em seus corações durante aquelas horas de reflexão e partilha. O ambiente ao seu redor estava impregnado de serenidade, e os sons da natureza pareciam envolvê-los como um abraço acolhedor.

— Você sente como se algo tivesse mudado em nós? — perguntou Juliana, com a voz suave, quase um sussurro.

Romeu virou-se para ela, seus olhos brilhando com a luz do entendimento. — Sinto isso também. Esse fim de semana foi profundo. A experiência, os testemunhos... tudo isso nos faz perceber que a espera não é apenas uma partida, mas um processo de transformação.

Juliana assentiu, apoiando a cabeça em seu ombro. O coração dela estava leve, enquanto os momentos de adoração e partilha ecoavam em sua mente. Eles haviam falado sobre a beleza de se esperar, sobre como a fé pode ser um alicerce sólido em tempos de incerteza. E aquela conversa, mais que qualquer outra, havia proporcionado um renascimento em sua união.

— Lembra quando compartilhei sobre as dificuldades que enfrentei em casa? — começou ela, seu olhar fixo no reflexo da água. — As pressões e as críticas. Estava tão insegura, mas aqui, com todos, percebi que não estou sozinha. Há muitos enfrentando lutas semelhantes.

Romeu segurou suavemente a mão dela, energizando a conexão entre eles. — Esse retiro nos ensinou que nossa luta é coletiva. Não estamos apenas aqui para nós mesmos, mas para inspirar e motivar outros. A vida é sobre servir e amar. E, ao esperarmos, oferecemos um exemplo do que significa lutar pela fé.

O peso dos conflitos familiares e sociais lentamente começava a se dissipar, revelando um caminho de esperança diante deles. Juliana sentiu que cada compartilhamento, cada depoimento, havia construído um tecido mais forte em sua relação: um vínculo feito não apenas de amor romântico, mas de um propósito espiritual.

Conforme o envolvimento na oração e na adoração aumentava, o que sentiram como pressão externa começava a parecer um mero ruído comparado à sinfonia da paz que encontravam juntos. O profundo aprendizado trouxe consequentemente a clareza. Agora compreendiam que a espera os preparava, não os separava, e cada desafio os tornava mais fortes.

— Às vezes, tenho medo de que as pessoas não entendam nossa escolha — confessou Juliana, interrompendo seus próprios pensamentos. — O que podemos fazer para mostrar que a espera, na verdade, é um presente?

Romeu sorriu, admirando a força que Juliana tinha. — Podemos ser vozes de esperança. Assim como aqui, podemos inspirar outros na nossa comunidade. Mostrar que o amor verdadeiro vale a luta e que a espera, quando feita com fé, resulta em algo muito mais significativo.

Enquanto falavam, a sombra da noite começou a se resgatar do dia, trazendo um manto acolhedor que parecia acenar boas-vindas à nova era que se aproximava para eles. Agora, com uma meta renovada trazida pelo entendimento profundo de si mesmos e do que representavam um para o outro, Juliana e Romeu se mostravam prontos para cruzar qualquer oceano que interviesse entre a pressão do mundo e o amor puro que cultivavam.

— O que você acha de, daqui para frente, fazermos um pacto de contarmos um com o outro? Sobre expectativas, inseguranças... tudo — sugeriu Juliana.

— Um pacto de comunicação aberta — completou Romeu, a voz vibrando de emoção. — Concordo! Isso nos manterá fortes, unidos.

Assim, à luz da lua, Juliana fez uma promessa silenciosa. O que havia despertado naquele retiro não era apenas uma convicção renovada sobre a espera, mas uma nova forma de amor, enraizada em respeito e confiança. Uma força que buscaria enrugar os desafios como uma flor resiliente que nunca se dobra aos ventos ferozes, mas permanece firme em sua essência.

— Estamos prontos — sussurrou Romeu.

Com isso, a atmosfera carregada de potencial renovado se instalou ao redor deles. O lago, refletindo agora as estrelas no céu, passava a simbolizar a jornada única que os dois compartilhavam. Estavam prontos para conduzir seu amor, sua espera e sua fé, tudo em conjunto, como a força poderosa que eram.

E assim, naquele cenário encantador, Juliana e Romeu encontraram o conforto que buscavam na espera: que juntos eram mais do que amados; eram companheiros fervorosos em busca de um futuro guiado pela fé.

Capítulo 6: As Armadilhas do Mundo

O ar estava carregado de expectativa enquanto Juliana e Romeu se preparavam para a festa de formatura que aconteceria naquela noite. Com o vestido escolhido a dedo e os cabelos cuidadosamente arrumados, Juliana se olhou no espelho, refletindo não apenas sua imagem, mas também a batalha interna que se formava dentro de si.

— Você está linda, — disse Romeu, que a observava com um sorriso genuíno, mas também notava a inquietação nos olhos dela. — Está pronta para essa nova fase?

— Eu espero que sim, — ela respondeu, mordendo o lábio inferior, um gesto de ansiedade que Romeu já conhecia bem. — É só que... não sei como lidar com toda essa pressão.

Ele aproximou-se, envolvendo-a em um abraço reconfortante. — Lembre-se do que aprendemos no retiro. A espera vale a pena. Estaremos juntos e isso é o que realmente importa.

Juliana respirou fundo, tentando absorver a serenidade que ele oferecia. Mas, mesmo com a promessa de apoio, suas inseguranças emergiam assustadoras, como sombras e vultos, obscurecendo sua confiança. Uma parte dela ansiava pelo que a festa poderia representar — celebração, união, e a fim de um ciclo — mas outra parte se preocupava com as comparações, as expectativas e os comentários indesejados que poderiam acompanhar a noite.

Ao chegarem ao local da festa, a música pulsava intensamente, e um mar de rostos conhecidos se desenrolava à sua frente, cada um mais animado e despreocupado que o outro. Cores vibrantes e luzes brilhantes dançavam ao redor, criando uma atmosfera eletricamente vibrante. Mas para Juliana, aquele ambiente parecia proporcionar um contraste doloroso com sua luta interna.

— Você está bem? — perguntou Romeu, notando a hesitação de Juliana.

— Estou um pouco sobrecarregada, — admitiu ela. — Este lugar, as pessoas... tudo isso me lembra as expectativas sociais, sabe? O que se espera de nós.

Ele assentiu, compreendendo as preocupações dela. Enquanto Romeu tentava manter o foco no que era mais importante — eles dois —, as conversas ao redor começaram a atormentá-los: sussurros sobre relacionamentos descomplicados, promessas de liberdade e a constante pressão para tomar decisões precipitadas logo naquela noite.

Em determinado momento, um grupo de amigos se aproximou. — E aí, Juliana, Romeu! Venham, será divertido! Vamos aproveitar a noite! — um deles exclamou, puxando-os para o calor do grupo.

Foi então que Roma começou a sentir a tensão aumentando dentro dele. Amigos, embora bem-intencionados, começaram a questionar a decisão de esperar. — Vocês ainda nessa? Esperar até o casamento? Como assim? Isso é tão antiquado! — riu um dos amigos, a ironia evidente nas palavras.

Juliana sentiu seu estômago se revirar. As piadas continuaram, seguidas de insistências para que se divertissem de uma maneira bem diferente do que tinham planejado. A atmosfera animada da festa parecia sufocá-los, e a medida que sorriam para todos, as inseguranças faziam companhia aos seus corações.

Em meio ao barulho e à luz, Juliana se afastou um pouco, buscando um espaço mais tranquilo. Ao se sentar em um canto, o peso das coisas veio à tona. As vozes e risadas a rodeavam, mas tudo o que conseguia ouvir era a sua própria hesitação. Com uma mão em seu coração, ela se lembrou das conversas que tinha com Romeu e dos ensinamentos que lhe haviam proporcionado paz e esperança.

De repente, Romeu surgiu ao seu lado. Seus olhos demonstravam a preocupação que ele não conseguia esconder. — Juliana, precisamos conversar. — disse ele, a voz firme, mas calma.

— Você também está se sentindo tão pressionado? — ela perguntou, a verdade começando a escorregar entre eles.

Romeu hesitou antes de responder. — Sim, as piadas e os comentários... eles nos atingem, não é? Começo a duvidar se estamos fazendo a escolha certa.

Uma onda de preocupação transbordou entre eles, e em um instante, a festa, que deveria ser um momento de celebração, tornou-se um campo de batalha contra a pressão e a expectativa.

Juliana olhou nos olhos dele, enxergando não apenas o amor, mas a confusão que ambos estavam sentindo. — Precisamos lembrar por que escolhemos esperar, Romeu. É sobre mais do que apenas nós; é sobre o que queremos construir a partir daqui.

— Sim — ele respondeu, a determinação começando a se formar entre as palavras —, mas o que devemos fazer agora? Continuar aqui ou nos afastar de tudo isso?

Nesse momento crítico, cada um refletiu sobre suas intenções. A pressão do mundo exterior parecia desmoronar sua fortaleza interna, e a escolha que tinham feito parecia distante!

— Vamos dar um tempo... só nós dois. — Juliana sugeriu, buscando um refúgio no que mais importava.

Então, em meio à confusão, se afastaram e começaram a conversar. A noite continuou com os risos ao fundo, as músicas continuavam a tocar, mas no mais profundo da compreensão interna, Romeu e Juliana estavam determinados a lutar pela promessa de amor puro que decidiram conquistar.

Assim, dois corações lutadores, impulsionados pela fé, compuseram um pacto silencioso para enfrentar cada armadilha, sabendo que, juntos, poderiam resistir e construir um amor que valesse muito mesmo a espera.

Chegaram à festa, e o barulho da música pulsava, o coração acelerando. Juliana, sentada ao lado de Romeu, sentiu um misto de ansiedade e expectativa. As luzes brilhantes iluminavam o salão, revelando rostos conhecidos em um mar de rostos desconhecidos. Ele segurou sua mão, transmitindo calor e confiança, mas a pressão externa começava a sussurrar suas inseguranças.

— Estão todos tão animados — comentou Romeu, olhando ao redor. — Lembre-se, estamos aqui para celebrar, aproveitar a companhia e nos fortalecer.

Juliana concordou, mas seu olhar pairava sobre um grupo de amigos que se aproximava, prontos para um reencontro. As risadas e brincadeiras vindas de sua direção começaram a acirrar sua pulsação. Um amigo deles, João, veio com um sorrisão no rosto, fazendo jus à vibe contagiante da festa.

— E aí, casal? Estão prontos para se divertir? — disse ele, piscando um olho descontraidamente.

Juliana tentou sorrir, mas a ansiedade a fez travar. Eram momentos como esse que a deixavam inquieta. As piadas sobre a escolha de esperar começavam.

— Esperar até o casamento? Isso é tão ultrapassado, não? — disparou um outro amigo, Marcela, rindo sem malícia. As palavras faziam parte de um cenário que Juliana temia.

Em meio às conjecturas, Romeu endureceu a expressão. Ele sempre acreditou na escolha de esperar, mas agora a dúvida começou a fazer morada em seu coração. E se aquela fosse a noite em que tudo desmoronasse?

Juliana se afastou um pouco, buscando um momento de respiro. Sentou-se em uma mesa lateral, ouvindo o eco distante das conversas que mal podiam atingir seus pensamentos. Olhando pelo salão, as luzes brilhantes agora pareciam opressivas, e as risadas divertidas apunhalaram mais seus sentimentos. Era como se cada riso envolvesse a certeza de um titubeio a mais contra sua luta.

Bateu forte no peito quando Romeu a encontrou. Ele estava visivelmente preocupado, seus olhos escaneando o espaço até que se fixaram nela. Ele se aproximou, sua boca se curvando em um traço de serenidade.

— O que há com você? — perguntou Romeu, o espaço entre eles carregado de emoção.

— A pressão... — começou Juliana, mas logo hesitou. Era difícil articular a confusão que a dominava. — Todo mundo parece tão livre e confiante, enquanto nós estamos segurando um peso tão grande nas costas.

Ele fez uma pausa, explorando o estado emocional dela. — Eu sinto isso também. Existem momentos em que questiono se estamos fazendo a escolha certa. Mas precisamos lembrar que nossas convicções são baseadas em algo maior do que pressões sociais. A espera é uma expressão do amor que temos um pelo outro.

Juliana pousou a mão numa das lágrimas que se formaram nos olhos. Romeu continuou, cravando a verdade daquela noite — a jornada deles não era apenas sobre dizer "não" a certas coisas, mas sobre descobrir o que a espera poderia significar em meio ao caos que enfrentavam, a razão de manterem sua fé inabalável.

Bendito frio cortante, abençoada conexão, Juliana conseguiu sentir o poder da união dificultada pelos ventos gélidos da dúvida.

— Ei, o que estão fazendo aqui parados? Vamos nos divertir! – João interpelou, tentando despertar a animação que todos pareciam sentir.

— Vamos, o que há de interessante nessa escolha de esperar? Venham, inventem algo, que tal se entregarem um pouco à diversão! — Marcela insistiu com uma risada melosa, enquanto Juliana tremia e entreolhou Romeu.

Ela podia sentir a pressão tomando a forma de gelo dentro dela. O desejo de ficar ali e ser levada pela noite seria mais tentador que manter a firmeza que haviam estabelecido.

— Mas a escolha de esperar é a nossa! — Romeu, com firmeza e um respiro sólido, surpreendeu Juliana e os amigos. — Nós sabemos o que queremos. Não somos incapacitados pela pressão nem enganados pelas distrações. Cada um de nós tem o direito de decidir o que é certo.

A atmosfera estava pesada e estranha, mas Julianna grudou sua mão à dele, um gesto sutil que dissipou a tensão. Os amigos assentiram com um lampejo de compreensão. Aquela reação transformou as risadas em murmúrios, e reforçaram de forma decidida a escolha de amor que ele compartilhava.

Por mais um momento, Juliana se dirige ao salão, indo para encontrar um lugar mais tranquilo. A música envolvia novamente seus sentidos, mas ela estava determinada a mergulhar dentro da alma da sua fé.

Quando a noite avançava, entre as conversas e risadas, Juliana e Romeu escolheram um momento silencioso a sós. O amor pelos seus valores, pela espera em que confiaram não era apenas um ato solitário, mas uma conscientização do que significava crescer e permanecer autênticos.

Voltando juntos para o salão principal, as mãos entrelaçadas, sentiam um novo brilho nos olhos. O jorro de energia entre eles rejuvenescia o que sentiam, reforçando seu propósito, quebrando as correntes da pressão social e convertendo suas lutas no renascer da fé.

Ali, foram dar um passo de fé em meio à terrivelmente confortável rotina da festa, sabendo que cada desafio, cada escolha e cada risada eram parte de sua jornada mais magnífica, desenhada para os dois. A espera se tornava não apenas um fardo, mas um presente, um testemunho que poderia ressoar para muitos.

Assim, a noite os reconheceu, e ao se posicionarem um ao lado do outro, sabiam que juntos, poderiam ressoar essa experiência, bem além daquilo que um simples baile poderia oferecer.

A música pulsava em um ritmo frenético enquanto a festa de formatura girava em torno de risadas e danças desenfreadas. Romeu e Juliana estavam ali, mas suas mentes pareciam estar em um universo paralelo, repletas de inseguranças e dilemas. As cores vibrantes do evento não conseguiam esconder a sombra que pairava em seus corações.

— O que você está sentindo? — Romeu quebrou o silêncio, olhando nos olhos de Juliana, a preocupação estampada em seu rosto.

— Não sei... — ela respondeu, apertando a mão dele. — O tempo todo eu escuto comentários... as piadas sobre esperar até o casamento. Isso está me deixando nervosa. E se eles estiverem certos?

Enquanto falavam, risadas ecoavam ao seu redor. Amigos se divertiam, ignorando qualquer tensão. Mas para Juliana, cada momento parecia uma lembrança constante da imposição que o mundo exerce sobre suas escolhas. Eram vozes que flutuavam pelo salão, instigando, questionando e, principalmente, provocando dúvidas sobre suas intenções.

— Precisamos lembrar do que prometemos um ao outro — disse Romeu, tentando fortalecer a determinação entre os dois. — O que temos é diferente, e esperamos por isso. Não podemos deixar que palavras nos distraiam.

Juliana assentiu, mas a incerteza ainda a consumia. Com um palpite de coragem, pediu para se afastarem do grupo agitado e encontraram um cantinho mais tranquilo, onde o som da música não pudesse tocá-los tão profundamente.

Com um profundo suspiro, Juliana começou a refletir. — A espera... ela não é apenas um tempo que passamos, é uma jornada. Algo que vale a pena, eu sei disso, mas essas distrações me fazem questionar.

Romeu estava atento, ouvindo. Ele compreendia. — Veja, não somos os únicos. Muitas pessoas também passam por isso. Amizades, relacionamentos... todos eles testam nossa fé e resistência. O que realmente importa é que continuemos juntos no propósito.

— Mas e o que está acontecendo ao nosso redor? — Julianna balançou a cabeça, sua voz elevada em emoção. — Todos divertindo-se, enquanto nós... só esperando. É tentador. Eu sinto como se fôssemos os únicos que estão lutando.

O vento frio da dúvida soprou entre os dois, como se a noite estivesse tentando desampará-los. Mas, ao olharem um para o outro, encontraram a resposta que ambos precisavam. — O que realmente queremos? — Romeu questionou, com sinceridade em sua voz. — É a aprovação dos outros ou a convicção em nossas crenças?

Nesse momento, toda a tristeza e preocupação borbulhavam em Juliana. Com lágrimas nos olhos, ela respondeu. — Quero ser fiel ao nosso amor. Quero ser forte o suficiente para enfrentar qualquer armadilha que o mundo coloque em nosso caminho.

— E somos, amor — Romeu frisou com firmeza, aproximando-se dela. — Vamos enfrentar isso juntos. Este pacto que fizemos é mais forte do que qualquer pressão externa. Você não está sozinha.

O calor das palavras de Romeu iluminou a escuridão que ameaçava envolvê-los. Ali, sob o cenário da festa, aprenderam que a verdadeira batalha era continuar reafirmando a essência do que significava amar e esperar juntos. O peso que sentia se dissipou lentamente, transformando-se na constelação de esperanças que cultivavam de mãos dadas.

— Então vamos nos permitir viver essa noite, mas apenas da nossa maneira, — Juliana decidiu, um novo brilho nos olhos. — Não precisamos ceder ao que os outros esperam de nós. Podemos celebrar da nossa forma.

Romeu sorriu. A determinação entre eles era palpável, um laço que atrevia-se a qualquer sombra que na festa fosse lançada. A espera pelo momento certo, pelo amor a ser revelado, tornava-se uma aventura em si mesma.

Enquanto voltavam para a festa, mais levitaram do que antes. E, embora a música ainda ecoasse, agora ressoava como uma melodia de acordo com seu próprio ritmo. Eram um só, uma unidade que resistiria às armadilhas do mundo, pois sabiam que seu amor tinha um poder singular—um amor que esperava e, por isso mesmo, permanecia puro.

Sentados à beira do salão, Juliana e Romeu se deixaram levar pelo turbilhão de emoções que a festa proporcionava. As luzes brilhantes e a música vibrante ressoavam no fundo, mas, ironicamente, pareciam distanciados em seu momento de introspecção. A verdade era que, neste ar de festividade, ambos se viam confrontados com as armadilhas do mundo. Não estavam ali apenas para dançar e celebrar; estavam diante de um teste.

— Eu realmente espero que possamos nos divertir hoje — Juliana disse, dividindo seus pensamentos com Romeu, enquanto um grupo de colegas dançava ao fundo. — Mas é tão difícil ignorar tudo o que foi dito pela nossa turma.

Ele balançou a cabeça, sentindo a pressão que havia se estabelecido entre eles. — Eu sinto isso também. Sabe, toda essa blague que rola sobre esperar... Não é fácil.

Juliana desviou o olhar e se perguntou se havia algo de errado em querer permanecer fiel à espera que haviam escolhido. Eles eram, após tudo, cercados por amigos que acreditavam que a liberdade estava em desprezar os valores que carregavam. Um dos rapazes do grupo passou, enviando comentários jocosos sobre sua decisão de manter a relação pura, e o diálogo ao redor de Juliana se tornava um eco perturbador que remontava sua dúvida interior.

— Existe algo muito teatral em tudo isso — Romeu disse, tentando quebrar a tensão. — Lembre-se, cada um tem seu caminho. Nós escolhemos fazer isso pelo que acreditamos.

Ela olhou nos olhos dele e sentiu um impulso de força. Era verdade... Mas, era tão fácil perder-se nas comparações e rivalidades. Podia ver como a pressão se acumulava como uma tempestade em seu interior. A intensidade da festa criava uma aura extremamente competitiva, e por um instante, Juliana se viu inquieta.

— O que deveríamos fazer, então? Devemos apenas nos entreter e ignorar isso? — Juliana perguntou, sua voz mostrando a insegurança que a acompanhava.

— Não. — A resposta firme de Romeu foi um lembrete. — Precisamos nos manter centrados em nós mesmos.

Uma ideia clareou a mente de Juliana naquele momento. — Que tal se a gente saísse para um ar livre? Preciso de um espaço mais tranquilo para entender o que estou sentindo.

Romeu assentiu, e juntos se dirigiram para a saída do salão. Ao pisarem na terra fresca do gramado, uma onda de alívio passou por Juliana. O ar noturno estava fresco e limpo, e as estrelas brilhavam acima deles, como testemunhas silenciosas do seu amor.

— Olha, Juliana — começou Romeu, colocando a mão no ombro dela —, realmente temos um amor lindo, e vale a pena. A espera pode ser difícil, mas não é um castigo. É um chamado.

Ela sorriu. — Você sempre sabe o que dizer. Mas como fazemos para nos elevar, quando os outros têm opiniões tão diferentes?

— Nós nos mantemos firmes em nossas promessas. — Ele disse enquanto caminhavam juntos sob um céu iluminado. — Este amor cotidiano é onde encontramos nossa força.

Um silêncio gostoso se instalou entre eles. Juliana precisava única e simplesmente conhecer Romeu, o que significa ter alguém que estendeu os braços à sua espera. Parecia tão claro. Ela decidiu respirar — queria se permitir sentir cada verdade que o amor entre eles acreditava.

Naquela noite de música e encontros, as armadilhas do mundo apenas poderiam estimular um movimento para dentro, criando força entre os dois.

Ao retornarem para o ambiente da festa, a energia deles era uma arma secreta. Romeu tomou a iniciativa e assegurou àqueles ao redor sobre sua força e determinação, algo que havia se construído entre as conversas e os olhares que só tinham um ao outro. Afinal, o amor que estavam cultivando não era somente uma promessa, mas um testemunho à espera.

— E então, hein? — apareceu Marcela com um olhar intrigante. — O que vocês eram tão felizes conversando lá fora?

Juliana sorriu com simplicidade, e o sorriso de Romeu ressoou com genuína conexão. O que antes trazia aspecto pesado e preocupante se desfez em um pacto renovado sem palavras. Entre eles, a verdade sobre a espera era sua rainha; não precisavam da aprovação de mais ninguém.

Com olhares fortalecidos, Romeu declarou: — Estamos juntos nessa. E nenhuma pressão externa conseguirá mudar isso.

E assim, sob o brilho das luzes da festa, Romeu e Juliana decidiram não somente ser diferentes — mas serem a mola para o amor mais profundo que florescia entre eles, desafiando e transcendendo as armadilhas do mundo em busca de um futuro mais brilhante, onde a espera seria um testemunho da grandeza do amor deles.

Capítulo 7: Mensagens de Esperança

Os últimos ecos da festa se dissiparam sob a luz suave da lua, e Juliana e Romeu se afastaram do tumulto da celebração. O ar noturno estava carregado de frescor, e um silêncio quase reverente se instalou entre eles, criando um espaço só seu. No fundo, havia um contrastante desejo por alívio e uma sombra de frustração pela pressão que acabaram de enfrentar.

— É como se a liberdade deles nos lembrasse do quão longe estamos de nos sentirmos... livres — Juliana murmurou, encostando-se em uma árvore e olhando para o céu, onde as estrelas piscavam intensamente.

Romeu, com um olhar protetor, aproximou-se, unindo suas mãos. — Apesar de tudo, estamos aqui juntos. Lembre-se do que discutimos. A espera tem um propósito muito maior. Precisamos acreditar, mesmo quando tudo parece confuso.

Ela balançou a cabeça lentamente, as emoções se agitando dentro dela. A sombra das palavras de amigos como um eco indesejável ainda ressoava em sua mente. — Mas e se eles estiverem certos? E se essa espera fizer parte de um ideal antiquado que não possui valor?

Um silêncio pesado caiu sobre eles. O som dos risos da festa ainda ecoava ao fundo, mas tudo o que conseguiram ouvir era o palpitar de seus próprios corações.

— Nós fazemos isso porque acreditamos que há algo maior aguardando por nós, — Romeu disse com uma paixão que iluminou os olhos de Juliana. — A escolha de esperar é delicada, mas ela significa algo. Precisamos reafirmar isso.

Juliana respirou fundo, buscando a clareza em meio ao turbilhão emocional. — Sabe, às vezes me pergunto como podemos permanecer firmes nesse caminho quando as tentações e pressões externas estão a nossa volta. O que nos faz tão diferentes?

Ele sorriu, um gesto genuíno que transportou a esperança de volta para o momento. — Estamos simplesmente buscando algo que muitos não compreendem. É um amor que não se entrega ao impulso, mas que gera crescimento e maturidade.

E assim, sob a ampla extensão do céu estrelado, suas conversas começaram a fluir como um rio tranquilo. As inseguranças foram se desvanecendo, dando espaço a reflexões mais profundas sobre o significado do amor e da espera. Eles compartilham a ideia de que cada história de espera e desejo não era apenas um sacrifício, mas um testemunho da fé que cultivavam.

Juliana então lembrou-se de algo que havia ouvido em um sermão na igreja. Ela olhou nos olhos dele e disse: — Havia um versículo que me impactou muito. Fala sobre como esperar no Senhor renova as nossas forças, como águias que levantam voo.

A expressão de Romeu se iluminou. — Você quer encontrá-lo?

Convenientemente, havia um pequeno banco sob a sombra de uma frondosa árvore. Eles se sentaram, e Juliana retirou seu telefone, buscando o versículo que havia sido uma âncora em momentos de tempestade. Ao encontrá-lo, começou a ler em voz alta:

—"Mas os que esperam no Senhor renovarão suas forças; subirão com asas como águias; correrão, e não se cansarão; caminharão, e não se fatigarão."

As palavras pareciam envolvê-los como um abraço reconfortante. Romeu assentiu, absorvendo cada sílaba com um cuidado reverente. — Isso resume perfeitamente o que procuramos, não é? Nossa fé e esperança precisam ser alimentadas pela promessa de que estamos em uma jornada.

Juliana sorriu, sentindo o calor da esperança voltando a acender em seu peito. — E se nos dedicarmos a isso? Se fizermos disso uma realidade em nossas vidas? Então, a espera se tornaria um testemunho para outros também.

Romeu, animado, falou: — Podemos incluir um ritual no nosso dia a dia! Pequenos momentos de oração e gratidão. Momentos onde reafirmamos nossa fé e compromisso um com o outro.

A ideia iminente era de emoção. Juliana cogitou, o que antes parecia como obrigação agora se tornava um passo conjunto — um ritual. Um gesto pequeno, mas poderoso.

— Que tal nos comprometemos a fazer isso todas as noites? Um momento de conexão, onde falamos sobre tudo o que nos preocupa, nossas vitórias e conquistas. Em que possamos também ler mais versículos como esse e nos motivar com as histórias de outros. — sugeriu Juliana.

— Sim, e mesmo que tenhamos que enfrentar a tensão opressiva do mundo, não estaremos sozinhos. Entre nós, sempre cultivaríamos o amor verdadeiro por meio da esperança e da fé.

Envoltos no calor do amor e da renovação, os dois começaram a criar um rascunho à sua própria maneira de escrever uma nova história.

Enquanto as estrelas selecionadas brilhavam acima, a lua parecia brilhar com mais intensidade. A promessa de um novo dia lhes fazia a melhor companhia, repleta de esperançosas intenções.

Com um toque de mãos, um gesto que reacendeu a conexão profunda que enfrentava não apenas a noite ali, mas os obstáculos imaginariamente jogados em seu caminho. Eles estavam determinados a voltar à festa. Mas, não para se perder nas vozes alheias, mas para dançar ao som de suas próprias verdades.

O amanhecer a caminho apontava para uma nova jornada, e ao olhar um para o outro, sabiam que não estavam apenas esperançosos, mas que dessa espera brotaria um amor tão intenso que poderia iluminar até mesmo as noites mais escuras da sociedade.

E assim, os dois partiram de mãos dadas, prontos para encarar o que viria a seguir, com a certeza de que juntos eram os guardiães de um amor que valerá a espera.

As luzes da festa se apagaram lentamente, mas na mente de Juliana, algo potente pulsava, uma onda de reflexão crescente. Romeu a observava, os olhos dele brilhavam com uma mistura de preocupação e encorajamento, enquanto caminhavam por um caminho de pedras sob a luz suave da lua. A fresca brisa da noite parecia trazer consigo a serenidade que tanto buscavam.

— Você se sente bem? — ele quebrou o silêncio, ainda segurando suas mãos entrelaçadas.

Juliana parou por um momento, aproveitando a tranquilidade para alinhavar seus pensamentos. — É... bem, meio confuso. O que aconteceu na festa me atingiu de maneira diferente do que eu esperava. Algo não saiu como planejei.

Ele assentiu. — O que exatamente você está sentindo?

As palavras escaparam como um sussurro: — A pressão estava insuportável. Muita gente falando, rindo... e eu... eu só queria ficar em silêncio. A dúvida me consumindo por dentro.

Romeu passou os dedos pelos cabelos, não sabia como transmitir a intensidade de suas próprias emoções. — Eu também sinto isso. Parece que todos à nossa volta têm expectativas tão altas e nós... estamos apenas tentando seguir nosso caminho. Isso às vezes parece tão solitário.

O vento suave balançou a árvore próxima, como se escutasse a conversa deles. Juliana resolveu se abrir mais, o que havia se formado como um pensamento nebuloso dentro dela precisava ser externalizado. — Às vezes, eu me pergunto se estamos no caminho certo. Essa espera... será que é mesmo necessária?

O coração de Romeu disparou, não tinha certeza de como responder. Mas, quando olhou nos olhos dela, viu ali uma chama de dúvida que até então ela não havia expressado. — É normal se perguntar. Podemos encontrar a resposta se olharmos para o que nos fundamenta.

Juliana se afastou alguns passos, sentindo o chão sob seus pés. — Eu não quero nos afastar, não quero que essa pressão nos quebre. É tão fácil se deixar levar, perder o foco no que realmente queremos.

Ele se aproximou, segurando-a gentilmente pelos ombros. — Então vamos fortalecer isso. Como? O que podemos fazer para lembrar que realmente queremos esperar e que nosso amor é especial?

Com o olhar fixo no céu estrelado, uma lembrança antiga surgiu na mente de Juliana. — Na igreja, ouvi um versículo que falava sobre esperança e fé. Algo que parecia tão distante naquele momento pesado.

— Qual é? — ele questionou, com os olhos brilhando em curiosidade.

Juliana procurou seu celular, ansiosa para encontrar aquelas palavras que a tocavam. Ao encontrá-las, fez-se um instante mágico. Olhando para Romeu, começou a recitar:

— "Mas os que esperam no Senhor renovarão suas forças; subirão com asas como águias; correrão, e não se cansarão; caminharão, e não se fatigarão."

Romeu ouviu atentamente, sentindo a energia ao redor mudar. As palavras carregavam uma essência que ressoava profundo em seus corações. Eles não estavam apenas esperando, estavam se fortalecendo.

— Nossa espera não é apenas um vazio — Romeu disse, com a voz embargada de emoção. — É um tempo de crescimento.

Juliana assentiu com a cabeça, agora sentindo a embriaguez de uma nova perspectiva. — Se mantivermos isso em nosso coração, poderemos enfrentar o que vier. O amor que temos pode não ser reconhecido por todos, mas ainda é poderoso.

Nesse momento, como se os próprios céus quisessem celebrar sua epifania, uma leve brisa vem até eles, trazendo consigo o eco de músicas de esperança e renovação. Uma conexão se formou entre eles, provavelmente pactuando que, juntos, eram capazes de enfrentar qualquer tempestade.

— Poderíamos criar um ritual! — disse Juliana com uma animação crescente. — Algo que reafirme cada dia nosso compromisso de esperar e de nos conectarmos na fé juntos.

Uma ideia floresceu na mente de Romeu. — E se estivermos nos dedicando a orar? Cada noite, poderíamos ler um versículo e falar sobre o que ele significa para nós. Isso poderia nos ajudar a manter nossa essência religiosa forte.

Juliana iluminou-se com a proposta, o sorriso dela radiante subindo como um sol nascendo ao horizonte. — Sim! E mesmo que as vozes negativas nos influenciem, estaremos firmes em nosso propósito. Poderíamos nos encontrar em um lugar especial toda semana, e a cada encontro, renovar essa promessa.

Ao redor deles, a paz da noite soterrava qualquer sombra de ansiedade que ainda se atrevesse a brotar. Romeu conhecia aquele olhar dela. Era de determinação.

— Faremos isso — ele assegurou, entrelaçando novamente suas mãos e sentindo a força de cada fragmento do compromisso que construíam juntos.

Juliana fitou-o intensamente. O romance que outrora parecia longe se estreitava, como se cada desafio se tivesse tornado uma ponte para algo bonito e verdadeiro. — Assim, juntos, podemos superar as incertezas e fazer da espera um testemunho do nosso amor.

Em meio à calma da noite, finais e novos começos se fundiam, prometendo que aquele amor era mais forte que qualquer tempestade, e sua fé, uma luz a guiar seus passos. Durante o amanhecer do próximo dia, eles não apenas seriam Romeu e Juliana, mas um símbolo de resiliência e esperança, prontos para enfrentar tudo o que o futuro reservava.

Não há dúvida de que as perguntas pairavam no ar, tão pesadas quanto as nuvens de uma tempestade em direção a um campo. Em uma noite de calma enganosa, Romeu e Juliana se encontraram, distantes, no horizonte de seus sentimentos confusos, buscando respostas em meio ao tumulto do mundo exterior.

— O que será que nós estávamos esperando? — Juliana perguntou, sua voz era um sussurro, quase perdida na brisa serena da noite. — Muitas vezes, sinto como se nossas decisões nos isolaram de tudo.

Romeu a observou, os olhos dele transpareciam uma mistura de compreensão e insegurança. — Esperar não significa ser passivo, — afirmou ele, segurando a mão dela. — É sobre escolher algo mais profundo, algo que vale a pena.

O silêncio se instalou entre eles, ecoando em suas mentes nos momentos de reflexão. Ambos estavam cientes das normas não escritas que a sociedade impunha. Mas Romeu se lembrou rapidamente do que a Bíblia ensinava sobre esperança. — Você sabe, Juliana, existe uma força poderosa em esperar.

Ela o observou, a curiosidade em seu olhar instigou um foco renovado em sua expressão. — O que você quer dizer?

Ele respirou fundo, afastando as sombras da dúvida que teimavam em ecoar em seus corações. — Lembro de um ensino sobre perseverança e fé. Isso pode parecer difícil agora, mas olhar para o quadro completo traz clareza.

As palavras de Romeu reverberaram no âmago dela, como a doce melodia de um violino a ser tocado em meio ao caos. — O que você está dizendo me faz lembrar de um versículo que fala sobre esperar no Senhor. É uma promessa que traz esperança.

Juliana assentiu, as memórias da sabedoria entrelaçando-se com seus sentimentos. Ela começou a recitar, sua voz agora firme, quase como uma declaração de fé: — "Mas os que esperam no Senhor renovarão suas forças; subirão com asas como águias; correrão, e não se cansarão; caminharão, e não se fatigarão".

Romeu sorriu, a sensação de luz e amor irradiando dele enquanto a conexão se solidificava. — Sim! É isso! Essa expectativa se transforma em alma, nutre a nossa jornada.

Oh, como eles sabiam que a viagem seria dolorosa. Contudo, cada passo que davam era um passo em direção à liberdade interior de um amor verdadeiro. — Podemos fazer disso a nossa mensagem. — disse Romeu, olhos cheios de fervor. — Que tal um pacto? Um compromisso que não só reafirma a nossa confiança na espera, mas que também nos fortalece?

Juliana sentiu uma renovação percorrer suas veias. O calor da conexão iluminou cada camada de dúvida que antes a encobria. — Sim, um pacto em que a nossa esperança seja um farol de luz em meio à escuridão. Vamos orar, refazendo nossa conexão a cada dia.

E ali estavam eles, sob a sombra aconchegante da noite, envolvendo-se em um novo espaço de fé. Decidiram se encontrar todas as noites à mesma hora, fazendo da oração e do ouvir o coração um ritual. Um espaço sagrado onde os sonhos poderiam ser compartilhados e onde eles se comprometem a erguer os outros — um ao outro, para que esse amor se torne um testemunho de esperança.

Antes de retornar para a positiva fúria da festa, um gesto pequeno e significativo se fez necessário. Romeu retirou um colar de sua bolsa — uma corrente delicada com um pingente de coração, que sempre carrega consigo. — Este é um símbolo — disse ele, oferecendo o colar a Juliana — um símbolo da espera pelo que é belo e verdadeiro.

As lágrimas começaram a escorrer pelo rosto de Juliana, mas não eram lágrimas de tristeza. Eram lágrimas de gratidão. — É lindo, Romeu! Um símbolo da nossa fé, de que continuaremos a lutar dentro de nós por um amor que vale a pena.

Com a lua como testemunha, eles trocaram promessas em palavras sussurradas, promessas que se entrelaçavam como os ramos de uma árvore testemunha de amor. Naquele momento, a noite parecia fazer sentido, e a tensão dissipou-se em um sentimento de leveza e liberdade. Sabiam que a jornada não seria fácil, mas a esperança era uma bandeira que se erguia todos os dias.

Assim, caminharam juntos de volta à festa, esperando e acreditando que, mesmo entre as incertezas, os ventos tempestivos da fé e do amor verdadeiro os guiariam a um horizonte mais radiante. Ambos agora se tornariam guardiões de uma história de amor que, ao manterem suas promessas e esperanças, se tornaria uma mensagem de fé e determinação para todos os jovens que, tal como Romeu e Juliana, buscam um amor que solo prevaleça através de todas as tempestades.

Juliana e Romeu, após a tempestade de emoções vividas durante a festa, encontraram um novo espaço de tranquilidade sob o céu noturno. O silêncio era carregado, mas suave; permitia que cada um respirasse fundo e buscasse as palavras certas para expressar o que pesava em seus corações. As estrelas brilhavam como testemunhas silenciosas do que estava para acontecer.

— Olhando para cima, sinto que há mais do que apenas decorações de festas e pressões sociais — Juliana começou, sua voz grave em contraste com a suavidade do entorno. — É como se as estrelas quisessem nos lembrar de algo maior.

Romeu a escutou atentamente, capturando cada nuance de sentimento em suas palavras. Ele percebeu que ela estava se referindo a uma busca de propósito, um desejo de entender que a espera não era apenas uma fase, mas uma escolha repleta de significado.

— Às vezes, eu me pergunto o que realmente estamos esperando — ele respondeu, decidindo abrir seu coração. — No fundo, é a curiosidade sobre o que Deus tem reservado para nós. Enquanto estamos aqui, aguardando nossa chance de amar plenamente, podemos encontrar lições nesse processo.

Juliana sorriu, seu olhar aquecido pela sua sublime intimidade. — É isso! Como em um versículo que me veio à mente enquanto falávamos das pressões.

Ela se virou, desejando tornar as palavras em ação, juntando as mãos em um gesto de oração e sussurrando:

— "Mas os que esperam no Senhor renovarão suas forças; subirão com asas como águias; correrão, e não se cansarão; caminharão, e não se fatigarão." Isso diz tudo sobre como a esperança e a fé podem nos sustentar.

A beleza daquela citação foi delicadamente sentida entre os dois. Era um lembrete poderoso de que a verdadeira força surgia da espera, e não da pressa. Romeu e Juliana trocavam olhares significativos, compreendendo que cada desafio e cada dúvida eram oportunidades de crescimento e aprofundamento da fé.

— E agora? O que faremos com isso? — indagou Romeu, empolgado.

— Precisamos celebrar isso, — declarou Juliana, sentindo o espírito vibrante em seu peito. — Que tal estabelecermos um ritual? Uma maneira de nos conectar diariamente à nossa esperança e à certeza da nossa fé, assumindo que somos uma dupla invencível nessa caminhada.

Romeu acenou, sentindo a ideia como uma lâmpada iluminando o caminho à frente. — Podemos aproveitar esses momentos, como orar todas as noites, agradecer pelas bênçãos e renovar nossa força. Isso poderia ampliar a nossa paz interior e alinhar nossas intenções com os planos que Deus tem.

Nos meandros da noite, o toque das mãos se reencontrou, firmando a promessa que ambos estavam estipulando: a jornada do amor seria também uma trajetória de fé e comunhão espiritual. Era um pacto, um compromisso ressignificado sob a luz da fé, onde sempre buscariam juntos a força e a luz do Senhor Jesus.

Juliana então perguntou: — E se criássemos um símbolo para essa nova fase? Algo que sempre nos lembre do compromisso que estamos fazendo um com o outro e com a nossa fé!

Romeu fez uma pausa, considerando a ideia. Decidiu que, de fato, aquilo poderia ser poderoso. Ele retirou um pequeno talão de um cordão que carregava, um pingente que havia recebido em um retiro. — Esse colar representa o que sou e tudo que espero de nós. Que ele possa simbolizar nossa união na espera.

Juliana aceitou o objeto docilmente. Colocou-o ao redor do pescoço, sentindo que era mais do que um adorno; era um compromisso, uma conexão direta com a jornada que estavam abraçando juntos. Com lágrimas de gratidão escorrendo pelos olhos, ela declarou: — Vamos continuar a nos reforçar mutuamente, sempre!

Com um novo sol iluminando a manhã seguinte, Romeu e Juliana estavam prontos para retornar à vida, não apenas para enfrentar as tensões, mas para plantar sementes de fé onde quer que fossem. O amor deles agora estava tecido de promessas diárias e um renovado sentido de propósito, onde cada novo amanhecer lhes traria a esperança de que a espera não era apenas um fardo, mas uma preparação para um amor eterno.

Capítulo 8: Confronto e Desespero

O Sol ainda não havia se posto, mas na praça a atmosfera já pulsava com uma energia vibrante. Romeu e Juliana haviam planejado aquele encontro com a esperança de reafirmar seu compromisso e renovar a fé um no outro. Ao se encontrarem, entretanto, a euforia e a festa estavam apenas começando a tomar conta do espaço. Músicas tocavam em um ritmo contagiante, e grupos de amigos riam e dançavam ao redor.

Juliana observou suas amigas se divertindo, enquanto Romeu tentava puxar conversa com um grupo de garotos que pareciam destoar da atmosfera que até então cultivaram. Um desconforto começou a se espalhar por seu peito. Como uma nuvem escura pairando sobre um dia ensolarado, a incerteza e a desconfiança foram surgindo sutilmente.

— Olha quem chegou! — exclamou uma voz familiar enquanto uma das amigas de Juliana se aproximava, esbanjando simpatia. — Veio se divertir com a gente!

Romeu sorriu, mas por dentro, um turbilhão de emoções nutriu uma inquietante tempestade em sua mente. Juliana forçou um sorriso, mas o olhar desconfiado não passou despercebido. Os amigos de Romeu, incluindo uma antiga amiga que sempre acendia uma chama de ciúmes em seu coração, estavam ali, e a tensão que antes estava camuflada pela segurança agora se intensificava.

— Oi, tudo bem? — Juliana murmurou, tentando parecer indiferente enquanto seus olhos se fixaram na alegria da amiga de Romeu.

A conversa flui entre eles, mas algo profundo parecia enraizado em Juliana, uma sombra astuta de ciúmes e insegurança começou a crescer. Assentindo mecanicamente ao que diziam, ela se sentia cada vez mais distante, como um barco à deriva em um mar agitado.

— Vamos embalar nesse som animado! — sugeriu a amiga de Romeu, puxando Juliana para dançar. Um movimento que deveria ser leve e divertido agora ecoava em sua mente como um convite à desconstrução.

Romeu a observava, uma mistura de alívio e preocupação nublando seu olhar. Ele desejava que ela se sentisse à vontade, mas ao mesmo tempo, sentia-se aquilo como um desvio de suas intenções genuínas.

À medida que a música tocava, os ritmos dançantes se tornaram um mascaramento das palavras não ditas entre eles. Juliana não podia ignorar a forma como a amiga de Romeu lhe lançou olhares prolongados e sorrisos insinuantes, e isso lhe cortou o coração.

— Você ainda vai na festa da escola na próxima semana? — perguntou com um sorriso relaxado.

Juliana respirou fundo, enquanto as palavras pareciam pequenas demais e pesadas ao mesmo tempo. — Não sei... Depende se conseguimos nos resolver até lá.

Romeu olhou nos olhos dela, tentando canalizar a compreensão e amor que sempre estiveram entre eles, mas Juliana já havia se fechado em sua própria bolha de insegurança. — O que você quer dizer com isso, Juliana? — a rispidez subiu de sua voz, algo que nem ele soube de onde surgiu.

Juliana, envergonhada, sentiu o peso do confronto molestar seus pensamentos. — É apenas... todos aqui parecem tão despreocupados e eu... eu só sinto que estamos lutando contra a maré.

O clima tomou um ar mais tenso, e a animação ao redor começou a desaparecer para eles. Amigos e conhecidos ao redor guiavam os risos, mas para Romeu e Juliana parecia que todo o mundo havia se movido em um globo separado, onde apenas o desconforto crescendo entre eles ecoava.

— Você não deveria se importar com isso, — Romeu insistiu, buscando um jeito de confortá-la. — Eu estou aqui com você!

O que parecia um gesto de amor, na verdade trouxe uma onda de ressentimento. — Não é sobre você, Romeu! Você não percebe como todos estão puxando você para longe de mim?

A intensidade da discussão começou a atrair olhares curiosos ao redor. A agitação em torno deles era um eco dos sentimentos não verbalizados. Juliana estava exausta de lutar e, ao mesmo tempo, assustada pela sólida determinação que sempre teve em relação à espera.

— Acho que você não entende! — Romeu tentou manter a calma, mas a frustração era palpável. Ele não sabia como fazer Juliana ver que ele estava ao seu lado, não importando as vozes externas.

— Então, o que você entende? — rebateu Juliana, sua voz agora forte o bastante para não ser ignorada. — Todos aqui estão apenas se divertindo, enquanto nós lutamos com nossos próprios demônios! Você não sente isso?

As intensas palavras pendiam no ar, como punhais prestes a cortar a única linha de união que ainda lhes restava. Romeu conseguia ver que, por trás do desespero de Juliana, havia uma vulnerabilidade que tanto o atraía quanto o desapontava.

Em meio ao ambiente festivo, o silêncio pairava sobre eles, um espaço sufocante onde toda a esperança parecia se dissolver. A festa girava e pulsava ao redor, mas para Romeu e Juliana, as promessas de amor se transformavam em argumentos. Os olhares que antes eram cúmplices agora eram expressões de mágoa, e os toques que uma vez simbolizavam carinho se tornaram meros gestos mecânicos.

— A espera está nos custando! — Juliana exclamou, com os olhos cheios de lágrimas que estavam prestes a se derramar. — Eu só queria que você entendesse que isso está me destruindo, Romeu!

Um silêncio pesado pairou entre eles, um abismo profundo formado por palavras não ditas. A animação da festa estava agora esquecida, e a disposição de ambos para lutar contra a pressão externa se esvai rapidamente. Naquele momento, em que os sentimentos se acentuavam e nenhuma compreensão aparecia, as expectativas se tornaram um fardo pesado de se carregar sem murmurar.

E ali, antes que o Sol se pusesse, tudo o que restou foi um amor em conflito, um desespero que surgia notório sob a luz dura da separação emocional. Ambos se afastaram, cada um vagando em busca de respostas dentro de si, sem saber que o caminho adiante ainda exigiria energia e ascensão.

Como uma onda de surpresa, a relação deles enfrentava um novo nível de teste e prova. O que se desenrolou nas próximas horas se tornaria a base para a verdadeira reflexão individual sobre o que, de fato, estavam dispostos a fazer pelo amor que cultivavam. A tensão agora presente os convidava a confrontar seus conceitos sobre fé, tentação, e o que cada um esperava da própria espera.

Enquanto a festa rodava a todo vapor, Romeu e Juliana, sob a pressão volumosa do desconhecido, precisavam se renovar.

A tensão pairava entre Romeu e Juliana, um eco de palavras não ditas e sentimentos reprimidos preenchendo o espaço entre eles. A música da festa ao fundo parecia distante, quase como um sussurro, enquanto eles se fixavam profundamente nos olhos um do outro, buscando respostas que pareciam virar uma névoa enfumaçada a cada instante. Era um confronto que os levava ao limite, pressões externas dilacerando as promessas internas que haviam feito.

— Você só não percebe, mas está deixando todos nos pressionarem! — Juliana exclamou, a voz carregada de desespero. As lágrimas estavam prestes a se soltar, mas havia uma determinação feroz nela que Romeu não poderia ignorar. — O que mais eu preciso fazer para que você veja isso?

O olhar de Romeu se endureceu. Não por falta de amor, mas por uma confusão que se aninhava como peçonha dentro dele. — Juliana, eu estou aqui, ao seu lado! Não sou eu que estou me afastando, mas sim as pessoas ao nosso redor. Você não consegue ver que estamos sendo atacados pelas expectativas dos outros?

Juliana balançou a cabeça, o lamento lançando descargas de dor em seu peito. — O que eu vejo é você se distanciando cada vez mais das pessoas e da celebração. É como se nada do que tínhamos planejado importasse agora.

Ele respirou fundo, tentando manter a calma em meio a um turbilhão de emoções. — Você não entende que estamos enfrentando seja qual for a batalha que junte a nós? Não é fácil para mim também...

Mas Juliana não se conteve. A verdade é que a pressão de se manter firme enquanto todos ao redor estavam apenas se divertindo parecia insuportável. — Você se sente pressionado, mas a única coisa que sinto é a pressão de esperar. Como podemos ter certeza de que essa espera faz sentido?

— Essa espera significa tudo, — Romeu afirmou, seu tom se elevando, a frustração permeando suas palavras. — Significa que acreditamos em algo maior! Algo que podemos construir juntos e que vale a pena esperar!

O olhar desafiador de Juliana resplandecia, e cada segundo parecia gravitar em torno de palavras que não conseguiam buscar ressonância. — A fé pode ser uma âncora, mas eu não posso viver apenas dessa âncora em um mar de indecisões. O que isso representa se não sabemos em que direção estamos indo?

O silêncio se apossou deles, uma essência gelada misturada com a realidade desencorajadora que escolhiam enfrentar. Amigos e celebridades riam ao fundo, mas eles estavam claramente afastados do ritmo contagiante de risos e felicidade. Pressionados entre si e pelo cenário, não havia espaço para a leveza de outrora.

Juliana olhou ao redor com uma expressão de desafio. Como se o ambiente pulsante estivesse a desmascarar as fissuras de suas promessas. — Nada disso é verdade! Você não vê? A cada encontro que temos, cada olhada que trocamos, cada oração que fazemos... tudo é apenas um eco distante.

Romeu sentiu um aperto no coração, tentando se firmar em seus próprios sentimentos contraditórios. A pergunta que ecoava em sua mente era: até quando a espera se tornaria apenas um motivo de dor? — O que você quer, realmente?

A voz de Juliana estava agora repleta de vulnerabilidade — uma tempestade de emoções prestes a extravasar. — Quero saber que, mesmo nas tempestades, somos um só! Não quero que você se torne a espera, Romeu. Não posso sacrificar o que somos nesse encontro, nessa ideia de amor que se transforma em expectativa.

As sombras pairavam ao redor deles, e o clima de festa se tornava um cenário distante demais para ser alcançado. Romeu também se sentia perdido, inseguro sobre a impulsividade de suas novas necessidades. Não havia uma saída clara daquela rotina emocional pesada. Contudo, mesmo confuso, queria encontrá-la, onde quer que fosse.

— O que podemos fazer então? — indagou ele, um leve tremor na voz. — Como juntar essas partes que estão se afastando?

— Precisamos fazer um esforço verdadeiro para nos conectar — respondeu Juliana, a sinceridade em seu tom se elevando. — Estou disposta a procurar o que perdemos, se você também estiver disposto a isso. Não só em palavras, mas em ações!

E assim, mesmo em meio à escuridão, havia uma fagulha de esperança brotando. Romeu sentiu a palavra mágica que precisava ecoar em sua mente: compromisso. Portanto, com um novo propósito entre os dois, eles decidiram cultivar a força presente na vulnerabilidade. As mágoas e feridas teriam de existir, mas agora tratariam de atravessar a tempestade, não contra ela.

— Vamos recomeçar, — Romeu afirmou, seus olhos brilhando com a determinação renovada. — Não importa a maré que se coloque diante de nós, estou pronto para lutar ao seu lado.

Juliana assentiu, um sorriso tímido rompendo a tempestade emocional. Eles sabiam que os perigos e desafios poderiam surgir a qualquer momento, mas agora, junto com as sombras, havia a luz da decisão que os guiaria de volta ao amor que juraram proteger.

Juntos, viam um amanhecer de novas promessas, onde a espera se tornaria uma história a ser tecida, e a fé, a âncora que manteria os dois firmes em suas convicções, à medida que se preparavam para voltar à festa e a todos aqueles que os aguardavam. E, naquele momento, entendiam que o amor os uniria ainda mais quando cultivado nas dificuldades.

A noite estava longe de ser vencida, mas iluminados por uma decisão titubeante, eles estavam prontos para enfrentar o que viria, juntos.

A noite se estendia como um manto pesado sobre a praça, onde a luz da lua parecia obscurecer os rostos que antes eram iluminados pela festividade e alegria. Romeu e Juliana, devido a um acúmulo de tensões não resolvidas, afastaram-se um do outro, procurando um momento de reflexão. As vozes dos amigos dançando e rindo ao fundo tornaram-se meros ecos de uma vida que parecia agora distante. Silêncio. Apenas o som do vento ressoava enquanto cada um buscava entender as emoções que fervilhavam dentro de si.

Juliana sentou-se em um banco, apenas o luar tocando sua pele, enquanto sussurros de "e ses" catastróficos se entrelaçavam e se amarravam em sua mente. "Por que é tão difícil? Por que isso nos machuca tanto?" As perguntas repetiam-se como um mantra, uma viagem incessante em busca de um sentido em sua dor. Aquela espera, tão cheia de promessas e esperanças, agora se tornara um fardo pesado, quase insuportável. O que significava deixar o amor deles ser guiado por expectativas externas? O que Romeu pensaria ao ver como ela se entregara ao desespero?

Enquanto isso, Romeu se encontrava em outro canto da praça. Observava as estrelas com um olhar distante, tentando encontrar palavras que pudessem convencer a si mesmo de que sua escolha valia a pena. Um verso que lera outro dia ecoou em sua mente: "Quem espera sempre alcança." O que isso significava, realmente? Não seria uma mera ilusão?

O peso do mundo parecia se infiltrar entre eles, alimentando um estigma que só crescera desde que tomaram a decisão de esperar. Aquela noite parecia ser o teste que os levaria ao limite de sua resistência emocional. O murmúrio dos sorrisos e danças dançava ao redor deles, mas, como tristes solitários, perderam-se em uma tormenta interna, sem saber ao certo como reconectar o que havia sido rompido.

Após momentos que pareceram intermináveis, Juliana decidiu que precisava entender exatamente o que estava acontecendo. Com determinação, levantou-se e procurou Romeu. Ele estava ali, sozinho, mas perto o suficiente para ouvir o chamado silencioso de seu coração.

Aproxime-se era o que os dois mais desejavam, mas cada um carregava uma sombra. — Romeu — Juliana começou com um tom suave, sua voz quase trêmula. — Precisamos conversar sobre isso...

A expressão dele se iluminou com um sorriso triste, e, em meio a um mar de dúvidas, ele perguntou: — O que exatamente você quer que a gente fale?

— Sobre nós. Sobre como a pressão de tudo isso está nos afetando. Eu sinto que temos que tentar entender o que está acontecendo de maneira mais profunda. — As palavras escorregam de seus lábios, quase como um apelo por ajuda em meio aos rochedos da incerteza.

Naquele instante, sentiram que poderiam estar mais próximos da solução do que pensavam. Romeu fitou os olhos dela e decidiu que era hora de abrir o coração. — Sabe, Juliana, essa espera começa a me consumir. Às vezes, eu me pergunto e se tudo isso for só uma ideia infundada em nossas cabeças, um conto de fadas que nunca se tornará realidade?

Com o coração na mão, Juliana sentiu a necessidade de reafirmar sua fé, não só no amor que cultivavam, mas também na crença de que juntos poderiam enfrentar qualquer lado sombrio que ameaçasse espreitar. — Não podemos deixar que a insegurança nos domine. O que estamos vivendo é que não podemos perder de vista o que realmente importa. Cada desafio não é uma barreira, é um convite para que nos descubram melhor.

Romeu sentiu o impacto das palavras dela, como se fossem uma brisa fresca em um dia escaldante. Era justo o que ele pensava, mas havia algo mais que ainda precisava ser falado. Agora que estavam frágeis, precisavam lidar com os dilemas que emergiam. Ele respirou fundo e falou: — Juliana, eu estou lutando. Cada vez que vejo você insegura, sinto que quando as pessoas me cercam com opiniões e olhares, é como se estivesse me perdendo de você.

Juliana, agora mais centrada e com lágrimas prestes a escorregar pelo rosto, declarou: — Então vamos nos reafirmar! Sei que a espera não é fácil, mas vamos buscá-la da maneira correta. Precisamos nos encontrar e falar sobre tudo, mesmo que as palavras sejam difíceis de dizer.

O diálogo se expôs como um sopro de esperança, abrindo as portas que antes estavam trancadas pela desconfiança. Era hora de criar novos acordos, novas promessas que reforçariam a decisão de continuar acreditando, não apenas no próximo passo de seus caminhos, mas na profundidade de sua conexão com Deus e entre eles.

Olhando um para o outro, a fervorosa determinação tomou lugar. — Podemos orar? — perguntou Romeu, a esperança brilhando em seus olhos. Era um sincero apelo para uma renovação de fé, um retorno ao início de tudo.

Juliana assentiu, seu coração batendo forte, o alívio trazendo uma brisa suave para suas almas que, até então, estavam enfrentando uma tempestade interna. As mãos se entrelaçaram, como se fossem o fio invisível que os mantinha na ligação, e ambos começaram a orar em voz baixa, embrenhando-se em um diálogo de entrega e confiança vinda da experiência compartilhada.

Assim, na quietude daquela praça, enquanto o mundo à sua volta vibrava em música e alegria, Romeu e Juliana começaram a escrever novos capítulos de sua história — um capítulo que precisaria ser repleto de fé, esperança, e, mais importante, de amor genuíno que superasse os desafios da vida e a espera.

E em meio a orações e promessas restauradas, a luz da esperança renascia em seus corações, sussurrando que não estavam sozinhos e que a jornada estava apenas começando.

Nesse momento, Romeu e Juliana se encontravam diante de um dos maiores desafios em sua jornada. A festa na praça mostrava-se uma celebração vibrante, mas para eles, a realidade era bem diferente. Enquanto as ruas dançavam ao som da música, seu coração pulsava com uma intensidade palpável.

As palavras que antes uniam os dois agora pareciam ecos distantes. Aquela união estava ameaçada pelo peso de expectativas externas, e as dúvidas começaram a se infiltrar como um veneno em seu relacionamento. Juliana, com os olhos marejados, olhou para Romeu e bradou, repleta de desespero:

— A pressão em cima de nós está se tornando insuportável. Sinto que não sou mais a mesma. A espera que prometemos um ao outro, onde está ela? Como podemos ser felizes quando todos à nossa volta parecem estar se divertindo, enquanto nós lutamos contra nossos próprios demônios?

Romeu, angustiado, buscava palavras que pudessem oferecer algo mais do que consolo. Ele sabia que a mudança não ocorria apenas nas conversas, mas nas ações. Com um gesto firme, segurou as mãos de Juliana e falou com sinceridade:

— Eu entendo o que você sente. Cada olhar e cada sorriso ao nosso redor incorporam um peso que parece aumentar a cada dia. Mas não podemos deixar que isso nos destrua. Precisamos encontrar a coragem para permanecer firmes. O que temos é especial!

Mas Juliana já se sentia perdida em uma tempestade de sentimentos contraditórios — um mar revolto de amor e insegurança. — E se essa "especialidade" não for o suficiente? — disse, quase em um sussurro. — Às vezes, sinto que a espera pode nos custar tudo. Eu tento acreditar que isso é válido, mas e se estivermos nos enganando?

As palavras dela caíram como uma gota em um lago tranquilo, criando ondas que se espalhavam sincronicamente em todas as direções. Romeu precisava agir, precisava alcançar essa parte dela que se sentia ameaçada, e não havia como ignorar ânsias brotando rapidamente entre os dois.

— Talvez um mentor ou alguém que nos compreenda e que possa nos ajudar a colocar as ideias em ordem. Não estamos sozinhos nesta crise — sugeriu Romeu, sua voz carregada de esperança. — Alguém que nos guie nos momentos de incerteza pode trazer uma nova perspectiva sobre como lidar com nossas lutas.

Ah, o que aquilo muito provavelmente significava. Juliana olhou para baixo, pensativa. — Questões profundas precisando ser resolvidas. Alguém que pudesse nos iluminar como uma chama acesa em meio à escuridão.

Nesse instante, eles se sentaram no pequeno banco da praça, longe dos olhares dos outros, envolvendo-se em um verdadeiro abraço emocional. Era hora de serem honestos, não com o que era superficial, mas com o que realmente importava em seus corações.

— Que tal procurarmos essa figura referência? — propôs Romeu, segurando seu olhar firmemente como se estivesse firmando um pacto. — Um conselheiro, um pastor da nossa igreja talvez. Podemos ir juntos na semana que vem, se você concordar.

O silêncio se fez presente, enquanto Juliana ponderava. A ideia tinha um peso significativo, um passo que poderia levar a um novo começo. Assim, a dor do desespero foi lentamente substituída por uma sutil onda de tranquilidade. — Sim, eu gosto disso, Romeu. Precisamos desse apoio!

E ali, sob o olhar tímido das estrelas, eles descobriram que o caminho seria contínuo, repleto de paciência e amor. Ao buscar o aconselhamento juntos, estavam em chamas de esperança em suas mentes, dispostos a seguir com um propósito renovado. As feridas não cicatrizariam da noite para o dia, mas estavam prontos para enfrentar o caminho à frente juntos e com fé.

Assim, ao se levantarem, a ligação entre eles se mostrava mais forte e mais importante do que qualquer pressão do mundo. O amor que tinham, unido a um desejo obstinado de lutar contra a adversidade, se tornaria uma força inquebrantável. Chegou o momento de buscar um novo início, e essa decisão ressoava como um cântico reconfortante em seus corações, onde tinham certeza de que juntos seriam capazes de vencer qualquer tempestade.

Mantendo as mãos entrelaçadas, se afastam daquele ambiente que tanto os intimidava, sentindo que aquela foi uma vitória em meio ao confronto e ao desespero, e que o amor verdadeiro ainda tinha muito chão pela frente, para florescer como nunca antes.

E, antes de voltar à vida cotidiana, tanto Romeu quanto Juliana agradeceram a Deus por colocar na vida deles o desejo de crescer, melhorar e se redirecionar a cada novo desafio que decidissem enfrentar juntos. Eles não estavam sozinhos naquela caminhada da vida, ainda que o desespero tentasse se emaranhar em seus corações.

Capítulo 9: A Revelação do Passado

O aroma de comida caseira pairava no ar enquanto Juliana e Romeu se dirigiam à casa dos pais dela. Era um típico domingo de almoço familiar, cheio de risadas, conversas animadas e o som suave de uma velha canção tocando ao fundo. Porém, a atmosfera estava carregada de uma tensão invisível, como aquela nuvem prestes a se romper em tempestade. Juliana sempre amava esse momento de encontro, mas a sensação de inquietude em seu peito parecia crescer a cada passo que davam em direção à porta.

Assim que entraram, foram recebidos por um caloroso abraço da mãe de Juliana. — Que bom que vocês estão aqui! — disse ela, com um sorriso que não conseguiu esconder a preocupação que pairava sobre seu rosto. O pai, imerso em seu jornal, mal levantou os olhos, mas acenou em um gesto de saudação. Romeu notou a expressão de Juliana se fechar por um breve momento e se preocupou com o que poderia vir à tona naquela conversa.

Sentaram-se à mesa, onde pratos de comida eram apresentados, cada receita uma representação de amor e de memórias compartilhadas. Mas mesmo entre as garfadas, o silêncio se tornava opressivo. Romeu, sentindo a pressão, decidiu quebrar a barreira. — Será que podemos falar sobre algumas histórias da juventude de vocês? Sempre me fascinou como uma galera tão inspiradora pode histórias tão intrigantes.

Juliana virou-se rapidamente, um pouco desesperada. — Não, Romeu! — exclamou, mas logo foi interrompida pela mãe, que, de maneira suave, retomou o assunto. — Ah, querido, você sabe como é difícil falar sobre o passado... Na verdade, tivemos nossas lutas e desentendimentos, sabe?

E enquanto a mãe falava, Romeu pôde notar como Juliana se tornava cada vez mais inquieta, como se tentasse se conter em meio a um turbilhão de sentimentos. Ele sabia que ela tinha suas próprias lutas com os desafios que o passado de seus pais havia trazido. Após algum tempo, ele teve coragem de perguntar: — E o que ocorreu com vocês dois? Como se conheceram?

A mãe, hesitante, lançou um olhar ao marido e, por um momento, o passado dela e do pai de Juliana pareceu se entrelaçar em um eco distante. — É uma longa história, cheia de desentendimentos e desafios. A vida nos ensinou que nem sempre as aparências são o que parecem.

Em um instante, Romeu sentiu que a conversa tomava um rumo mais profundo, quase edificante, mas a inquietação em Juliana não havia diminuído. Ele se voltou para ela, procurando encorajá-la a se abrir. — Amor, você pode compartilhar o que sente? Não há problema em confrontar o que já passou. Eu estou aqui.

E Juliana, embrenhando-se em pensamentos, começou a traçar um roteiro emocional que a levava de volta ao seu infante constante. Flashbacks começaram a preencher sua mente, revelando um passado repleto de questões que a assombravam. Como o relacionamento dos pais sempre foi cercado por conflitos, ela sentia que havia uma sombra pairando sobre o amor que cultivava com Romeu.

— Às vezes, pensei que toda a pressão sobre nós era decorrente do que meus pais passaram, das escolhas que eles fizeram. Não quero repetir seus erros, mas também não posso simplesmente ignorar como eles lidaram com a vida — desabafou Juliana, com a voz trêmula.

E, neste momento, a verdade do passado se desenrolava como um pergaminho esquecido sendo aberto lentamente. Juliana começou a perceber que, mesmo que a dor estivesse presente, também havia aprendizados importantes ali.

Ao ouvir a namorada, Romeu finalmente compreendeu a profundidade das inseguranças que ela carregava. Ele se inclinou mais perto e disse: — Nossos passados podem nos guiar, mas não têm que nos aprisionar. E se nós dois fizermos um esforço consciente para superar isso? Podemos escrever nossa própria história, Juliana! A história que escolhemos.

Flashes do passado de seus pais começaram a passar pela mente de Romeu, revelando um encontro complicado e doloridos e uma resiliência razoável. Ele se lembrou de quantas vezes havia apoiado amigos na mesma luta e como tinham aprendido a ser mais fortes juntos.

Juliana ouviu atentamente e, inspirada pelas palavras dele, decidiu abrir-se. — Eu gostaria de enfrentar tudo isso... dizia aquele sentimento, mas apenas sinto que pesa um fardo. E, talvez o mais pesado de todos, seja o medo de repetir o que não quero carregar.

Transformados pela vulnerabilidade e amor, o passado mergulhara em um presente novo ao redor deles. Ali, através da dor e do desespero, o cálido vento de esperança se fazia ouvir. Romeu pegou na mão de Juliana e a apertou suavemente, prometendo que enfrentariam a vida juntos, superando os fantasmas do passado enquanto criavam novos laços para o futuro.

Por fim, o que começou como uma simples reunião familiar na verdade se tornara um convite para refazer seu próprio futuro. No calor daquela mesa estavam dois corações determinados a se arriscar, a se comprometer a buscar o amor verdadeiro, encarando os perigos da vida de mãos dadas.

A noite prosseguia e a porta da casa dos pais de Juliana parecia um portal para um novo entendimento. As vozes ao redor da mesa, com risadas já leves, pulsavam em uníssono enquanto os pratos eram compartilhados, mas havia algo mais profundo sendo alimentado ali. Os segredos antigos agora estavam sendo despidos, e a dança das histórias se tornava uma melodia unificada, cheia de notas de amor, fidelidade e um desejo renovado de conexão.

— Sabe, — começou a mãe de Juliana, entrelaçando as mãos sobre a mesa — quando nós nos casamos, pensávamos que a vida seria um conto de fadas. As dificuldades apareceram como sombras em momentos inesperados.

O pai complementou: — Foi um aprendizado constante para nós. Resolve-se problemas que preferimos deixar de lado até que passassem a consumir nossa alegria.

Juliana ouvia atentamente, absorvendo cada palavra como um ensinamento que moldaria não apenas a sua história, mas também a maneira como veria seu futuro com Romeu. Um futuro que poderia ser construído sobre as pedras que outrora se tornaram espinhos em suas relações.

— Mas, em meio a isso tudo, o que mais quero que vocês entendam — disse Juliana, fitando os pais com determinação — é que seus desafios também têm o poder de nos fortalecer. Eu e o Romeu decidimos que queremos ser diferentes. Então, precisamos da ajuda de vocês, da sabedoria que adquiriram. Porque nós estamos aqui para fazer o certo.

Romeu, com sua essência tranquilizadora, deu um passo à frente: — É isso mesmo! Estamos determinados a encarar o que vier, mas queremos aprender com os erros e triunfos de vocês. A vida não precisa ser uma repetição. Por favor, compartilhem conosco.

A atmosfera dentro da sala parecia impregnada de esperança e renovação. As barreiras que antes existiam, erguidas pelo medo e pela vergonha, agora se dissolviam. O olhar do pai se suavizou; ele parecia ver pela primeira vez a força e a luz que emanavam de sua filha e de seu futuro genro.

— Isso deve ser uma liberação para nós, — afirmou o pai, sorrindo com um ar nostálgico. — Sentimos tanto medo de que nossos erros afetassem vocês que nos fechamos dentro de nós mesmos. Mas, se há algo que podemos oferecer, é o nosso aprendizado.

A expectativa de uma noite cheia de diálogos acabava de se realizar. As histórias antigas começaram a ser contadas, cada uma um fragmento interessante da jornada, onde a dor e a vitória se entrelaçavam. Juliana percebeu a riqueza da vulnerabilidade. À medida que abriram os corações, as lições compartilhadas se tornaram pontes que unem ainda mais profundamente.

O riso retornava, e cada história solidificava um vínculo. Através de momentos tristes e alegres, eles se sentem mais conectados, mais fortalecidos nos laços familiares.

Entre receitas secretas e histórias de infância, a relação entre eles se tornava mais sólida, e o entendimento entre gerações chegava novamente ao lugar perfeito. Juliana olhou para Romeu, e um sorriso iluminou seu rosto. Naquele instante, a tensão que existia antes se dissipara, e eles tinham encontrado uma nova base sobre a qual poderiam construir seu próprio amor.

— Nunca é tarde demais para começar — refletiu Juliana, sentindo a força na frase enquanto se preparava para traçar novos caminhos.

Os acordes da música tocavam ao fundo, e o ambiente era agora cúmplice de um renascimento. Naquela mesa, um amor que poderia ter padecido de sombras encontrava, em cada conversa e em cada riso, uma cena de luz que se agigantava. Com promessas de um novo futuro e um pacto de sinceridade, Romeu e Juliana estavam verdadeiramente prontos para escrever as páginas da nova história que se desenrolava diante deles.

E assim, a visão do futuro se clareava sob a luz da verdade, onde cada passo seria um reflexo do amor verdadeiro que decidiam cultivar. Juntos, encarariam a vida e suas estradas, decididos a serem sempre guiados pela fé e pela transparência, trilhando um caminho onde o amor não se tornaria como o passado, mas um constante florescer de novas esperanças e recompensadas conquistas.

Juliana sentou-se no banco do parque, o sol começando a se pôr atrás das árvores e lançando sombras longas em um cenário que normalmente a acalmava. Mas hoje, a paz do lugar não poderia dissipar a tempestade emocional que fervilhava em seu interior. Cada instante que passou ao lado dos pais e de Romeu na casa antiga, coberta de histórias e memórias, a fez refletir sobre os desafios e segredos que assombravam sua juventude.

Romeu, percebendo o estado de sua amada, decidiu se afastar um pouco e contemplar o horizonte, tentando organizar seus próprios pensamentos. Ele havia ouvido camadas do passado sendo desnudadas, revelando não apenas as lutas de Juliana, mas também as fraquezas e as feridas que suas famílias carregavam. Era um fardo para ambos, uma sombra que notoriamente se projetava sobre sua relação.

O olhar de Juliana era distante, perdido em memórias que a faziam sentir-se aprisionada. "O que posso fazer para que a história não se repita?" Ela ponderou, lembrando dos desentendimentos entre seus pais, das expectativas e das frustrações que frequentemente preenchiam a atmosfera familiar. Tudo o que queria era romper a corrente de angústia, mas seu coração ainda hesitava. O medo de que o amor que construíram pudesse um dia dissipar-se em um eco semelhante ao de seus pais.

— Juliana, — Romeu disse, retornando ao seu lado com uma expressão de determinação, — precisamos enfrentar isso. Esse passado não pode ser a âncora que nos impede de navegar para novas águas. Se quisermos construir algo verdadeiro, temos que enfrentar nossos fantasmas.

Ela o olhou nos olhos, e uma onda de insegurança dilacerou sua expressão. — E se eu não tiver a força necessária? E se apenas meu desejo de ser diferente não for suficiente?

O amor que emanava de Romeu se solidificou em palavras. — Você tem mais força do que imagina. O fato de você reconhecer essas inseguranças já é um passo enorme. E estamos juntos! Vamos escrever nossa história, uma nova história.

Num impulso, Juliana sentiu a necessidade de liberar seus medos e se abrir sobre seus sentimentos. — Eu não quero que nossas experiências e desafios fiquem escondidos em um canto sombrio. — Ela respirou fundo, lembrando-se da necessidade de sinceridade e transparência. — Agora quero que você saiba sobre as mágoas que minha família atravessou. Voltando a isso, não seria justo que carregássemos isso sozinhos.

Explorando a profundidade daquele diálogo, ambos perceberam quão liberador poderia ser compartilhar as emoções. E quando Juliana compartilhou as verdades dolorosas: medos sobre a repetição de erros passados, o peso de um relacionamento marcado pela desconfiança e o desejo de um futuro mais iluminado, Romeu absorveu cada palavra. Ele sentiu a ansiedade que percorria a respiração dela, como um sussurro do luar que dançava sobre o parque.

— Nós decidimos que a fé seria nosso alicerce. Olhe para mim. — Romeu colocou a mão em seu ombro, e a ideia de que não estavam sozinhos ecoava entre eles. — Esse é um ato de coragem nossa, desde o momento em que decidimos esperar até o casamento. Se a fé nos trouxe até aqui, pode nos guiar ainda mais.

A lucidez nas palavras dele confortou Juliana, como um manto de esperanças renovadas. Ela sentiu que no horizonte de suas metas existia um espaço para o amor, para a espera e, sobretudo, para um entendimento mútuo que superaria qualquer ferida que coubesse na história de suas famílias. Juntos, poderiam criar um legado de amor que não estivesse aprisionado pelo medo.

— Vamos fazer promessas, então — pediu Juliana, sua voz agora firme. — Promessas de enfrentarmos juntos nossos medos e de não deixarmos que as sombras do passado destruam o que construímos.

Romeu sorriu, uma faísca de esperança surgindo em seus olhos. — Eu prometo que, independentemente de como a vida nos desafiar, nunca deixarei você sozinha. Assim, ao olharmos para trás, quando olharmos para a história de nossas famílias, usaremos essa sabedoria como impulso e não como âncora.

Num momento de renovação,掘们 trocaram promessas sinceras, não apenas temporal, mas espiritualmente, ancorando um compromisso que superaria o peso ancestral que portavam nas costas. E ao decidirem anotar seus sentimentos e desejos em um caderno, dois corações se tornaram um só, E as interações diretas de suas indecisões se transformaram na certeza de que o futuro seria, de fato, um jardim em flor, cultivado com respeito e amor.

E assim, ao se levantarem, não apenas do banco, mas das amarras das inseguranças do passado, Romeu e Juliana estavam prontos para criar uma narrativa rica e deslumbrante que, mesmo navegando através da dor, floresceria para se tornar a mais bela das histórias.

Um Compromisso Emocional

O sol estava se pondo e a luz âmbar envolvia o parque como um abraço acolhedor. Juliana observou Romeu com um olhar profundo e atento, seu coração pulsando em sintonia com a atmosfera tranquila ao redor. Ali, sob as árvores que balançavam suavemente ao vento, eles se preparavam para um momento crucial.

— Romeu, — começou, sua voz firme e reconfortante, — eu realmente preciso que a gente fale sobre o que está acontecendo com a gente. Esse passado que a gente carrega... parece que está me sufocando. Às vezes, sinto que o medo toma conta e me impede de enxergar o que realmente temos.

Ele a olhou nos olhos, buscando uma forma de conectar-se com seus sentimentos. Romeu não hesitou em responder. — Eu concordo. Essa sombra do passado não pode continuar pairando sobre nós. Precisamos afastá-la. Vamos conversar de verdade, puxar essa ferida para fora e vê-la pela luz.

Juliana oscilava entre a ansiedade e a determinação. Com um suspiro profundo, ela começou a partilhar suas preocupações. — Os erros que vi em meus pais me deixaram assustada. O amor deles era lindo, mas também repleto de brigas e desconfianças. Não quero que a nossa história siga por esse caminho, Romeu. Prometemos que seríamos diferentes, mas a dúvida me corrói.

Romeu segurou a mão dela com força, desejando transmitir a certeza que sentia em relação ao que construíam juntos. — Juliana, o que seus pais passaram não precisa ser o nosso fardo. Podemos escolher, a cada dia, como queremos moldar nosso amor. Essa espera e essa luta só nos tornarão mais fortes.

Um momento de silêncio confortável se instaurou entre eles. Ali, na quietude do parque, permitiram que os pensamentos flutuassem sem pressa. Juliana continuou, agora com a voz mais suave, mas ainda confiante. — Então, que tal a gente fazer algumas promessas? Um pacto de que sempre manteremos a comunicação aberta sobre nossos medos e inseguranças.

— Sim! — exclamou ele, seu rosto iluminado por um sorriso genuíno. — Vamos escrever isso. Um caderno, onde possamos anotar nossos sentimentos, reações e também as promessas que fazemos um ao outro. Assim, estaremos sempre lembrando da nossa escolha de ser felizes juntos.

Os olhos de Juliana brilharam com a ideia. — O que você acha de começarmos agora? Vamos compartilhar, então, algumas promessas específicas? Pode ser um belo ritual que nos mantenha unidos.

Ela puxou um caderno da bolsa e ofereceu a Romeu uma caneta. Ele a olhou, sentindo um surge de alegria. Menos de um instante depois, começaram a escrever. As palavras se desenrolavam como um sussurro de esperança entre eles.

Juliana anotou promessas de honestidade e resiliência, enquanto Romeu se encheu de determinação, escrevendo sobre o apoio mútuo e a busca pela verdade. À medida que preenchiam as páginas, as promessas se tornaram um reflexo de suas aspirações e desejos de um amor duradouro.Unidos, eram discípulos de um caminho que bendiziam constantemente.

Quando finalmente terminaram, as promessas naquelas páginas pareciam ser mais um registro de suas intenções e um lembrete do afeto que cultivavam. As inseguranças do passado, agora, não pareciam um fardo, mas uma parte do aprendizado que juntos construíam. Juliana segurou a mão de Romeu e fez um gesto de esperança.

— Que esse seja o ponto de partida para um amor que floresce plenamente, mesmo diante das dificuldades. Não estamos aqui para repetir ciclos antigos, mas para criar um futuro autenticado por nós. Um amor que valha a pena cada momento de espera.

Romeu sorriu, segurando a mão de Juliana entre as suas. — Com certeza, e juntos somos imparáveis. Nossos comandos serão sempre guiados pela fé, e se a esperança nos trouxe até aqui, a fé fará com que sigamos adiante. Nossos corações escolheram lutar, e eu sempre estarei ao seu lado.

O sol se escondia no horizonte, e aquele momento tornara-se um símbolo do que ambos estavam dispostos a enfrentar — não apenas juntos, mas igualmente alicerçados na fé e na persistência. A vida, repleta de desafios, carecia de propósito, e eles, naquele instante, reafirmaram o amor que decidiram viver.

As sombras do passado estavam sendo deixadas para trás, e com cada palavra escrita, um novo capítulo de suas vidas se iniciava, onde as águas turvas do passado se transformavam na correnteza serena do futuro.

Capítulo 10: O Despertar da Esperança

O sol começava a se esconder atrás das árvores do parque, lançando uma luz dourada que envolvia Juliana e Romeu em uma aura de tranquilidade. A brisa suave sussurrava segredos e promessas, e no ar, havia algo palpável — a esperança. Os corações do casal pulsavam em um mesmo ritmo, e depois de toda a intensidade da conversa anterior, cada um refletia sobre suas escolhas e compromissos.

— Romeu, — começou Juliana, passando os dedos pelo tronco da velha árvore à sua frente, — às vezes me pergunto se realmente conseguimos superar o peso do passado. Sinto que, mesmo com todo o amor que temos, as experiências de nossos pais ainda podem nos moldar de formas que nem imaginamos.

Ele observou enquanto ela falava, absorvendo seu medo, mas também a determinação que habitava em sua voz. — Eu entendo, Juliana. O que vivemos com nossas famílias tem um impacto profundo, mas também é exatamente isso que nos faz mais fortes. Não somos definidos pelo que aconteceu, mas sim pelo que escolhemos fazer a partir disso.

Um silêncio confortável se instalou entre eles, e a beleza do cenário parecia ser o pano de fundo ideal para suas reflexões. Juliana sentou-se em um banco e acenou para que Romeu se juntasse a ela. Quando ele se acomodou ao seu lado, ela continuou: — Eu gostaria de saber o que fazer para que nossa relação não caia nas armadilhas do passado. Quero que nossa história seja única e cheia de amor.

— Nós estamos aqui, juntos, e isso já é um grande passo — disse Romeu, inclinando-se para mais perto. Ele tomou a mão de Juliana em suas e deixou que o calor fluísse entre eles. — Podemos decidir ser diferentes, como dissemos anteriormente. Mas também precisamos ser honestos sobre nossos sentimentos. Como você se sente agora?

— Eu me sinto mais leve, mas ainda assustada. — Juliana respirou fundo. — O medo de falhar se esconde em mim, como uma sombra que não consigo ignorar. Mas quero tentar. Eu escolho amar você e lutar por nós.

Romeu sorriu, firme em sua confiança. — Então vamos fazer algo simbólico. Neste dia, poderíamos plantar uma árvore juntos. Algo que cresça, assim como nosso amor. Cada visita aqui pode ser um lembrete do nosso compromisso, seja na dor ou na alegria.

Os olhos de Juliana brilharam com a proposta simples, mas carregada de significado. — Uma árvore... sim, isso é perfeito! Podemos vê-la crescer e florescer, assim como nós desejamos para o nosso amor.

Eles se levantaram e, de mãos dadas, caminharam até um pequeno viveiro no parque. Juliana escolheu uma jovem árvore, uma simbólica promessa de que, apesar da origem conturbada dos seus passados, poderiam criar algo belo e duradouro e se nutrirem de esperança e amor a cada dia.

— A árvore vai crescer e se reforçar, assim como nós— disse Romeu enquanto preparavam o solo para a nova planta. — Uma lembrança do que somos hoje e do que podemos nos tornar amanhã.

Com muito cuidado e uma leveza de alma, eles plantaram a árvore, e, após o ato simbólico, Juliana se sentiu como se uma prova de sua esperança estivesse agora fincada ao chão diante dela. As mãos de ambos sujas de terra, estavam unidas em algo que se estendia além deles — um laço que superaria as dificuldades e revelaria a beleza do amor genuíno.

— Lembre-se — disse Romeu, fitando os olhos de Juliana — nossa relação é um pacto, uma decisão diária de surtir efeito positivo um no outro. Eu prometo que estarei ao seu lado, aprendendo e crescendo com você.

E assim, ao deixar o parque, eles não apenas deixaram uma árvore plantada, mas também um legado de amor e compromisso que faria toda a diferença nas suas vidas. Ao caminharem juntos, ao entardecer, as sombras do passado foram lentamente dissipadas pela luz da esperança renovada. Eles estavam prontos para enfrentar o que quer que o futuro lhes reservasse, fortalecidos pela decisão de amar um ao outro, independentemente das armadilhas do passado.

Alinhados pelo desejo de fazer suas promessas de amor e espera ecoarem como um pacto inquebrantável, Juliana e Romeu sentaram-se sob a sombra de uma árvore em um canto tranquilo do parque. O ar estava impregnado com o cheiro da terra molhada e das flores que começavam a desabrochar, como se a primavera estivesse decidindo dar as caras, trazendo consigo um senso renovado de esperança. Com um caderno em mãos, cada página representava uma nova oportunidade, cada palavra, uma construção na base de seu futuro juntos.

— Vamos começar, então? — sugeriu Romeu, abrindo o caderno entre eles. — Como podemos registrar o que estamos sentindo, as promessas que queremos fazer? Quero dizer a você que posso e quero esperar, junto com você.

Juliana sorriu, sentindo o peso de suas inseguranças um pouco mais leve. — Sim, vamos! Precisamos disso. Podemos fazer um "Caderno da Esperança", onde a cada página, escreveremos nossas promessas e sentimentos. Assim, quando as dificuldades chegarem, poderemos voltar a ler e lembrar do que decidimos um pelo outro.

— Adorei a ideia! — Romeu respondeu, com entusiasmo nos olhos, e começou a anotar: "Prometo sempre ouvir você e ser seu suporte nas horas difíceis". O som de sua caneta no papel parecia como uma melodia, uma música que declarava um futuro promissor. Ele olhou para Juliana. — O que você gostaria de adicionar?

Juliana pensou por um momento, mergulhando em suas emoções mais profundas. — Quero prometer que nunca deixarei que o que aconteceu no passado nos separe. Não importa a tempestade ou os desafios, nós somos um time, e enfrentaremos tudo juntos. Mesmo que o medo me assombre, lutarei para não deixar que isso nos aflige.

As promessas começaram a preencher as páginas, cada uma delas uma expressão da sinceridade que florescia entre eles. O riso e as lágrimas eram frutos do amor que cultivavam, e cada corrida para impossibilitar as feridas do passado se tornava uma semente plantada de esperança no solo fértil de sua relação.

— E quanto à fé, Juliana? Essa deve estar presente também — sugeriu Romeu, muito apegado ao fato de que era precisamente ali que se sustentariam em momentos de incertezas.

— Vamos incluir versos que falam sobre espera e amor. Todos sabemos que a fé nos guia. Por que não começamos com um que destaque a importância de confiar um no outro? Que tal Salmos 37:7? "Descansa no Senhor e espera nele." Confiar no que temos é só o início — respondeu ela, um brilho de determinação nos olhos.

Juntos, escreveram então: "Prometemos esperar um pelo outro, assim como o orvalho espera pela luz do sol pela manhã." Cada promessa, cada versículo, ecoava como um mantra sagrado, um lembrete que reverberava em seus corações.

— Podemos usar este caderno não apenas para as promessas, mas também para os momentos em que a dúvida surgir. O que acha? O que queremos consultar quando não estivermos bons um para o outro? Nosso amor é uma construção contínua que devemos enraizar — disse ele.

Juliana assentiu, achando a ideia genial. Aquela poderia ser uma ferramenta não apenas para registrar seus compromissos, mas também para reunir reflexões que fortalecessem a espiritualidade que ambos desejavam cultivar. O caderno se tornaria um legado, uma representação física de seu amor e da missão de honrar suas esperas e expectativas.

Enquanto a luz do pôr do sol tingia o céu de cores de esperança, os dois não podiam deixar de sentir que haviam tomado a melhor decisão ao se colocar debaixo da proteção de sua própria esperança. O futuro estava, de fato, começando a brilhar à sua frente, e cada palavra escrita no caderno era um passo firme nesse caminho.

— Sempre acreditamos que nosso amor é um poder maior do que qualquer tentação, e agora, com esse caderno, isso se tornará uma realidade — finalizou Juliana, olhando para Romeu com os olhos brilhando de emoção. — Faremos isso juntos.

E assim, entre sorrisos e poemas, o "Caderno da Esperança" não era apenas um conjunto de promessas; era a expressão de um amor que se desafiava a ser melhor todos os dias, repleto de fé e solidez. Ambos sabiam que nada seria fácil, mas no despertar daquela manhã, tendo prometido iluminar suas vidas, estavam prontos para encarar, juntos, tudo que também estivessem preparados para cumprir.

O céu se tingia de tons alaranjados enquanto Romeu e Juliana se sentavam à sombra da nova árvore que plantaram juntos no parque. A brisa leve parecia dançar ao seu redor, enquanto o eco daquela prometida espera ainda ressoava em suas almas. Mas, embora circundados pela beleza do momento, as sombras de seus passados continuavam a ameaçar o que haviam construído.

— Eu sinto que, às vezes, o passado me atormenta. É como uma sombra que não consigo ignorar — confessou Juliana, girando uma folha entre os dedos, a atenção fixada no piso de terra úmida. Seu coração estava angustiado, e o peso de sua história familiar parecia mais intenso do que nunca.

— Você não precisa carregar isso sozinha, Juliana — respondeu Romeu, segurando sua mão com firmeza. Ele conhecia bem a carga que ela sustentava e a força que possuía. — Todos temos nossos fantasmas e os vestígios de coisas que queremos esquecer. O importante é como escolhemos enfrentá-los.

As palavras dele penetravam na vulnerabilidade dela, e os olhos de Juliana se tornaram vidro, refletindo um turbilhão de emoções. — É isso que me assusta. O medo de repetir os erros dos meus pais se esconde em cada esquina da minha mente. Às vezes, eu me vejo consumida pela dúvida. E se eu não conseguir? E se terminar da mesma forma que eles?

Romeu se inclinou mais perto, o olhar firme, como se quisesse que sua presença fosse um escudo contra a dor. — Você é forte, Juliana. Existe uma luz dentro de você que brilha ferozmente, e essa luz é o que me atrai. Não deixe que a escuridão do passado obscureça isso. Podemos aprender com os erros dos outros e usá-los como um guia para fazer as coisas diferentes.

— Agradeço por isso — disse ela, a voz trêmula. — Às vezes, o peso é tão grande que mal consigo me lembrar do que realmente significa amar de forma saudável. — Ela fez uma pausa, libertando uma respiração profunda. — Eu quero tentar. Eu quero construir algo real com você, mas o medo está sempre lá, como se estivesse me alertando a não me deixar levar.

— O medo é uma parte da vida, mas não precisamos deixá-lo governar nossas escolhas. — Romeu sorriu. Sua expressão era de compreensão e encorajamento. — Vamos falar sobre isso. O que exatamente te dá medo? Quais são as coisas que mais pesam no seu coração?

Juliana hesitou. Era difícil expor suas inseguranças, mas do mesmo modo que esperavam compartilhar sonhos e promessas, era essencial partilhar as crenças limitantes que a prendiam. — Eu temo que, quando as coisas ficarem difíceis, eu não saiba como reagir. Ou seja, não quero ser como eles, não quero deixar que o peso das dificuldades se transforme em conflitos e desentendimentos.

— Então vamos cultivar essa consciência — disse Romeu gentilmente. — Eu acredito que um passo importante é reconhecer que, em tempos difíceis, comunicação e vulnerabilidade são nossas maiores fortalezas. Precisamos falar sobre o que sentimos. Vamos nos prometer isso. Não deixar o silêncio ser um refúgio para as nossas inseguranças.

Juliana assentiu, e uma sensibilidade nova parecia enraizar-se entre eles. — O que você diria para nos proteger dessa sombra? Como podemos garantir que, mesmo quando tudo parecer complicado, nós permaneceremos juntos e encontrarão os caminhos certos?

— Podemos estabelecer uma regra — sugeriu Romeu com o brilho nos olhos. — Se um de nós sentir que o medo ou qualquer outra coisa está nos afastando, nós nos comprometemos a expressar isso. Assim, não deixaremos que a incerteza ou a solidão se instalem, mas, em vez disso, teremos a coragem de expor nossos sentimentos um para o outro.

— Isso parece justo — concordou Juliana, o coração começando a se aquecer à ideia. Ela começou a visualizar um futuro onde a comunicação poderia quebrar ciclos de dor antes mesmo de se formarem. — E, claro, vamos sempre nos recordar o que acreditamos um no outro.

Sob o gosto daquelas promessas, ambos sentaram-se em silêncio, absorvendo todo o carinho que os envolvia. A luz do sol começava a se apagar lentamente, e o parque se enchia de uma atmosfera tranquila. Juliana se virou para Romeu e, com um olhar intenso, deixou que um sorriso sutil contagiasse seu ser.

— Prometo tentar — revelou — e prometer que quando o medo apertar, buscaremos apoio um no outro.

Ele retribuiu o sorriso e a segurou ainda mais próximo. — E eu prometo que sempre serei a rocha que você precisar em momentos de tempestade. Vamos enfrentar isso juntos.

E assim, enquanto as sombras se alongavam e o dia se despedia, uma nova luz começou a brotar entre eles — um compromisso renovado de enfrentar seus fantasmas e, ao mesmo tempo, acender uma chama brilhante de esperança, decidindo que o amor que cultivavam não seria refém do passado, mas uma força criadora para o futuro.

O Caminho da Esperança

Enquanto suas mãos permaneciam entrelaçadas, um silêncio acolhedor cercava Juliana e Romeu, como se o mundo ao redor tivesse parado para ouvir suas almas. A brisa suave continuava sua dança, como se torcesse para que tudo desse certo e soltassem as incertezas amontoadas no fundo de seus corações.

— Sabe, — iniciou Romeu, rompendo aquele silêncio manso — eu sempre acreditei que enfrentar os desafios juntos se tornaria o nosso maior trunfo. Às vezes, podemos parecer despreparados, mas eu me sinto fortalecido a cada vez que lido com suas inseguranças.

Juliana olhou bem nos olhos dele, sentindo a sinceridade em seu olhar, mas algo ainda a incomodava. — É que é difícil, Romeu. Existe uma linha tênue entre amar alguém e temer pela sua felicidade. Não quero que o passado de nossas famílias nos conduza à desilusão.

Ele sorriu, um sorriso iluminador que fazia o mundo parecer mais claro. — Entendo o que você sente. Mas saiba que nosso amor não é um produto do nosso passado; ele é o que fazemos dele. Vamos reinventar nossa história, e, honestamente, estou pronto para encarar qualquer tempestade ao seu lado.

Juliana suspirou, aliviada por ouvir as palavras de apoio, e sentiu um novo fio de esperança começando a se formar dentro dela. — Então devemos fazer um pacto. Um compromisso de que sempre falaremos sobre nossas vulnerabilidades, e se um de nós vacilar, vamos sustentar o outro.

— Sim! — exclamou Romeu, cheio de entusiasmo — é isso que precisamos! Vou começar; prometo sempre ser honesto sobre meus sentimentos, mesmo que seja difícil. Prometo que em momentos de crise, vou me abrir e permitir que você me ajude.

As palavras dele tocaram Juliana profundamente. Sorriu, revigorada por aquele entendimento e, em seguida, pegou o caderno que haviam começado a preencher com suas promessas. — Quero registrar a nossa decisão de ser firmes. Escreverei: "Prometo estar sempre aqui para ouvir seus medos e preocupações e não deixá-los crescer em silêncio."

Com isso, tiveram uma ideia. Eles poderiam reforçar seus votos criando não apenas páginas de promessas, mas também um recurso a ser consultado em momentos de insegurança. Sempre que quisessem buscar acolhimento, podiam voltar àquele caderno e mergulhar nos sentimentos leais que haviam expressado entre si.

Além disso, Romeu sugeriu um ritual de fé para selar aquele pacto. — Que tal fazermos uma oração juntos? Podemos apresentar a Deus nosso relacionamento, pedindo que nos proteja e nos ajude a superar os obstáculos que surgirem.

Os olhos de Juliana brilharam com a proposta. — Isso é exatamente o que precisamos! A oração nos reaproxima de nossa fé e nos lembra que não estamos sozinhos nessa jornada — respondeu, mais confiante.

Eles se levantaram e buscaram um lugar tranquilo sob a sombra da árvore que plantaram, que agora representava não apenas um símbolo de amor, mas de crescimento e compromisso. Juliana fechou os olhos, sentindo a energia ao seu redor. Romeu também se preparou para o momento, e logo começou a orar, as palavras fluindo dele com uma força genuína.

— Senhor, entregamos nosso relacionamento a Ti. Sabemos que estamos vulneráveis, mas queremos seguir firmes na Tua luz. Dê-nos força para superar nossos medos e para falarmos abertamente sobre o que sentimos um pelo outro. Agradecemos por nos guiares até este ponto, e pedimos que nos protejas durante essa caminhada.

Juliana sentiu as lágrimas se formarem em seus olhos, enquanto uma sensação calorosa começava a brotar em seu peito. Republicando: — E assim, Senhor, queremos viver o amor que o Senhor nos deu, um amor que vale a pena esperar. Renove nossas esperanças e ajude-nos a cultivar um relacionamento saudável, baseado na confiança e na procura por Ti.

Ao terminarem a oração, ambos ficaram em silêncio, ouvindo o cantar dos pássaros em resposta ao encerramento das palavras. Juliana sentiu a certeza de que estavam em um lugar seguro, e a conexão espiritual se tornara um pilar crucial em sua relação.

— Depois disso, sinto que tudo pode ser enfrentado — disse Romeu, com um sorriso leve nos lábios. — Nossa força não reside apenas em nós, mas no abrigo que encontramos um no outro e na crença de que Deus sempre está ao nosso lado.

E enquanto se levantavam, prontos para deixar o parque, não somente a árvore plantada ali simbolizava seu crescimento, mas também a renovação de suas promessas, agora mais fortalecidas e repletas de esperança. Eles se dirigiram para o caminho de casa, conversando, rindo e celebrando a linda jornada que ainda estavam construindo juntos.

No fundo, ambos sabiam que teriam desafios pela frente, mas a fé e a entrega ao amor verdadeiro se tornariam as chaves que abririam portas na estrada à frente. Juntos, estavam prontos para transformar cada adversidade em uma nova oportunidade, refinando-se a cada dia na bela arte de esperar e amar.

Capítulo 11: A Decisão da Entrega

O sol se despedia em tons de rosa e dourado enquanto Romeu e Juliana se sentavam sobre a grama ainda fresca do parque. A árvore que haviam plantado juntos agora balançava suavemente, como se compartilhasse sua história com o vento. Contudo, mesmo cercados por beleza e esperança, uma nuvem de incerteza pairava sobre eles. Os olhares se encontravam, mas a dúvida tornava-se cada vez mais difícil de ignorar.

— Você já se sentiu paralisada, Romeu? — Juliana perguntou, quebrando o silêncio no ar. Seu tom era suave, mas sua voz carregava uma fragilidade que Romeu não sabia como confortar. — Às vezes, sinto como se cada passo que damos juntos estivesse sendo observado, como se estivéssemos expostos a todas as expectativas que a vida e nossos familiares impõem sobre nós.

Romeu a olhou com intensidade. Sabia que as pressões externas poderiam ser esmagadoras e que ambos sentiam o peso das expectativas. — Sim, eu também sinto isso — ele respondeu. — Mas precisamos nos lembrar de que essa jornada é nossa. A expectativa deles não define quem somos ou o que queremos. Temos em nossas mãos o poder de criar o nosso próprio caminho, livre de amarras.

No silêncio que se seguiu, Juliana olhou para o céu, tentando encontrar as palavras certas para expressar o turbilhão de pensamentos que a atormentava. — É que, por mais que eu queira acreditar nisso, há momentos em que o medo se torna mais forte, como uma sombra que insiste em nos seguir. Não quero me perder naquilo que sinto... nem me ferir ao tentar evitar a dor.

— O medo é uma sombra que todos enfrentamos. Não é um sinal de fraqueza, mas um convite para a coragem — disse Romeu, pressionando suas mãos sobre as dela, envolvendo-as em um calor reconfortante. — Precisamos decidir nos entregar, não apenas um ao outro, mas também à confiança que temos em Deus. Essa entrega pode ser a chave para a paz que tanto queremos.

Juliana respirou profundamente, absorvendo suas palavras. As histórias contadas entre eles, repletas de esperança, começaram a ecoar nas profundezas de seu ser. — O que você sugere que façamos? Como podemos nos libertar desse peso que sentimos, do passado que parece nos segurar?

— Que tal fazermos um pacto? — Romeu propôs, a empolgação crescendo em sua voz. — Um compromisso não só entre nós, mas com Deus. Podemos escrever nossas inseguranças em um papel, orar sobre elas e queimá-las, liberando assim nosso medo ao Senhor. O que acha?

Os olhos de Juliana brilharam com a ideia. Aquela prática simbólica poderia ser exatamente o que precisavam. — Isso é lindo! Assim, podemos soltar tudo o que nos está prendendo. Precisamos fazer isso!

Eles se levantaram e se dirigiram a uma pequena mesa de piquenique que ficava próxima. Juliana pegou um caderno do seu namorado e uma caneta. Um sentimento de alívio envolveu a atmosfera à medida que se preparavam para colocar suas preocupações em palavras. Com uma caneta na mão, ela começou a escrever: "Desconfiança sobre meu valor".

Ele a observou enquanto escrevia, percebendo a importância daquele momento. — Eu também tenho medo de falhar e de desiludi-la. Meu papel é ser seu apoio, não uma fonte de fraqueza. — Romeu então pegou a caneta e escreveu: "O temor de repetir os erros de outros e a luta frequente pela aprovação."

Com o papel escrito, sentiram que era hora de seguir através da oração. Juliana fechou os olhos e começou a falar com Deus. — Senhor, entregamos nossas preocupações. Queimar essas palavras é uma forma simbólica de nos libertar de tudo que pensamos ser nossos fardos. Em Ti, pedimos força e coragem para nos amarmos e continuarmos a nos apoiar, mesmo quando o medo tenta nos vencer.

Roma então orou, sua voz entoando a brisa do entardecer. — Senhor, nos ajude a lembrar que estamos juntos na união que escolhemos. Que possamos entregar nossos medos e dúvidas para Ti, e que possamos encontrar paz ao nos entregarmos mutuamente em confiança.

Após a oração, um sentimento de leveza começou a envolver seus corações como uma bruma suave. Eles se foram até uma fogueira pequena que estava ali de propósito, e, segurando o papel escrito, um por um, queimaram sua insegurança diante deles.

As cinzas que se elevaram dançaram no ar como pequenas mensageiras de liberdade. Ao assistirem ao fogo devorar suas preocupações, uma nova coragem brotou em Juliana. — Sinto como se uma corrente de luz estivesse se formando dentro de mim, uma luz que só poderia vir da entrega.

— A entrega não é uma fraqueza, mas uma colheita — Romeu sussurrou, admirando sua coragem. — O verdadeiro amor é o que nos faz crescer e, ao mesmo tempo, nos permite florescer. Estamos prontos para dar esse próximo passo?

Juliana, iluminada pela força de suas promessas, responde decididamente: — Sim, estou pronta para viver um amor real, aquele que desafia e também nos fortalece.

Com um olhar transbordante de amor e fé, eles caminharam de volta pela trilha do parque, mãos dadas e corações renovados. Agora mais do que nunca, estavam prontos para enfrentar os desafios que pudessem surgir, guiados por uma nova entrega e a certeza de que, juntos, poderiam superar qualquer sombra que buscasse obscurecer sua luz.

E ao deixarem o parque, uma nova certeza começava a florescer em seus corações: a fé que cultivariam juntos seria o alicerce que os fortaleceria. O amor verdadeiro pode ser um caminho de entrega e espera, mas ao final, seria sempre um reflexo do propósito e da promessa de um futuro luminoso.

Decisão da Entrega

Enquanto a luz do dia diminuía, Romeu e Juliana se encontravam sentados na grama fresca do parque, envoltos pela suavidade da brisa e pelo aroma das flores que começavam a murchar ao entardecer. No fundo de seus corações, havia uma batalha silenciosa entre a esperança e o medo, uma luta que já não poderia ser ignorada.

— Você já se sentiu paralisada, Juliana? — Romeu perguntou, quebrando aquela atmosfera quase mágica com o peso de sua preocupação. Ele podia ver a sombra da dúvida no rosto dela e, naquele momento, a própria incerteza parecia refletida em seus olhos. A relação, uma vez luminosa e cheia de promessas, agora se via ameaçada por temores ocultos.

— Às vezes, sinto como se toda essa expectativa em torno de nós fosse uma armadilha — ela respondeu, sua voz visivelmente trêmula. — É difícil acreditar que conseguiríamos suportar esse peso, que tudo o que construímos não se desmoronasse a qualquer momento sob as críticas da família e dos amigos.

Romeu, percebendo a fragilidade da sua amada, aproximou-se e segurou sua mão. — Eu entendo, e a pressão externa é difícil de lidar, mas o que importa é como nos sentimos um com o outro — falou ele, tentando transmitir confiança. — Precisamos decidir, Juliana. Estar juntos é uma escolha que fazemos todos os dias.

Ela fechou os olhos, permitindo que suas emoções tomassem conta de suas decisões. — O que acontecerá quando as dificuldades surgirem? Fico tão apreensiva com a ideia de falhar... de decepcioná-lo. Às vezes, o medo me faz querer desistir.

Aquelas revelações estavam se tornando um eco das inseguranças que ambos carregavam e, quando Romeu olhou nos olhos dela, sua determinação se fortaleceu. — Eu não vou permitir que o medo nos separe. O amor verdadeiro não se torna mais fraco quando enfrentamos as dificuldades; ele se torna a rocha que nos sustenta. Isso é uma prática que precisamos desenvolver juntos.

Justamente nessa hora, um amigo de longa data, Miguel, se aproximou. Ele podia notar a tensão entre o casal e, com a sabedoria de suas experiências, decidiu intervir. — Vocês precisam de alguém que os lembre do poder que existe na entrega a Deus. O amor que cultivam não é apenas entre vocês, mas também uma oferta espiritual. Pensem em ter a fé como uma fortaleza em suas vidas.

A energia na conversa mudou, e Romeu e Juliana ouvem atentamente. Miguel, com seu jeito caloroso, trouxe à tona a reflexão sobre o que realmente significa amar e esperar. — O amor verdadeiro exige entrega — ele continuou. — Lembrem-se do sacrifício de Cristo. A entrega é o que torna as relações verdadeiramente significativas. Sejam intencionais; entreguem suas inseguranças como forma de libertação.

Aquelas palavras penetraram fundo em seus corações. Enquanto Romeu e Juliana trocavam olhares cúmplices, perceberam que talvez precisassem de um rito de passagem para que seus temores fossem dissipados. A ideia de que algo sagrado e simbólico poderia ajudá-los na transformação estava começando a florescer.

— Que tal escrevermos em pedaços de papel nossas inseguranças e queimá-los? — sugeriu Juliana com iniciativa. — Isso poderia ser um grande ato de entrega. Podemos externar nossos medos e libertá-los ao Senhor.

Romeu, entusiasmado com a sugestão, abriu um sorriso. — É isso! Vamos transformar isso em um ritual. Queimar nossas inseguranças será uma maneira de nos desapegar do que nos tem prendido. Podemos nos ajoelhar e orar depois de queimá-los, entregando nossas dúvidas a Deus.

O plano foi rapidamente colocado em prática. Sentados em um local mais reservado do parque, Romeu e Juliana escreveram cada um de seus receios e dúvidas, usando o caderno que sempre os acompanhava. Entre os papéis, a desconfiança sobre o futuro, o medo de falhar e o receio de machucar um ao outro foram colocados em letras firmes.

— Prontos? — perguntou Romeu, segurando os papéis na mão. O momento estava carregado de expectativa e reverência.

Juliana assentiu, seus olhos se enchendo de entusiasmo e ansiedade, enquanto ambos se dirigiam a uma fogueira que acenderam para o rito. Com as inseguranças em mãos, um por um começaram a colocar os papéis nas chamas, observando as cinzas levitarem para o céu, levando consigo suas preocupações.

— Senhor, — começou Juliana, a voz reverberando na calmaria do parque — aqui estão nossos medos. Entregamos a Ti nossas inseguranças e pedimos que nos fortaleça em nossa caminhada. Que possamos sempre confiar um no outro e em Ti.

— Que nossas promessas sejam mais fortes do que qualquer sombra de medo — acrescentou Romeu, ajoelhando ao lado dela. Eles estavam completamente imersos naquele momento e, ao se levantarem, uma nova sensação de leveza tomou conta.

Os rostos de ambos brilhavam com um compromisso renovado, marcados pela experiência de vulnerabilidade compartilhada que se tornara um ato de fé. À medida que deixavam o parque, a atmosfera ao redor parecia ecoar a alegria da entrega e do amor que cultivavam um pelo outro.

— Estamos prontos, Romeu. Não temos como prever o que virá, mas estamos entregues um ao outro — sorriu Juliana, sentindo que cada passo agora era leve.

— E sempre estaremos juntos, sendo luz um para o outro — respondeu ele, entrelaçando suas mãos mais firmemente.

Juntos, caminharam em direção à nova fase que agora se esboçava diante deles, prontos para enfrentar quaisquer desafios com amor, fé e esperança renovadas. O entardecer irradiava cores suaves no horizonte, como que celebrando a entrega que acabavam de fazer e os passos firmes que estariam prontos para dar na busca pelo futuro que desejavam construir.

O sol começava a se pôr, tingindo o céu de um laranja suave enquanto Romeu e Juliana se encontravam sentados à sombra da árvore que plantaram juntos. As folhas balançavam suavemente ao vento, como se compartilhassem os sussurros de seus corações ansiosos. O momento estava repleto de expectativa, uma sensação de que algo fundamental estava prestes a acontecer.

— Às vezes eu me sinto como se estivéssemos jogando nossas armas na direção errada — iniciou Juliana, com a voz carregada de vulnerabilidade. — Todo esse amor e toda essa espera parecem ir em direção a um futuro que não sabemos se será real.

Romeu a observou com atenção. Ele sabia que o caminho que escolheram percorrer em sua relação estava longe de ser fácil. A promessa de esperar até o casamento era pesada em seus corações, uma combinação de fé e temor. — O que você precisa, Juliana? — perguntou ele, buscando entender a profundidade da insegurança dela.

— Eu preciso de certeza. Certeza de que estamos fazendo a coisa certa, de que nossa espera não será em vão — respondeu ela, olhando para o chão, como se as respostas estivessem enterradas sob suas folhas secas.

Assim, Romeu decidiu que a entrega era o caminho. Aquela carga poderia ser compartilhada. — Sabe, eu sempre acreditei que o sagrado nosso relacionamento é mais forte do que qualquer dúvida que possamos sentir. A dúvida é humana, mas a fé é a ponte que podemos construir sobre ela.

Aquelas palavras começaram a ressoar por todo o espaço que ocupavam. Juliana levantou o olhar, sentindo o calor das promessas de Romeu envolvendo-a. — E se a dúvida começar a dominar? O que faremos?

Ele se inclinou mais perto, suas mãos pegando as dela, entrelaçando seus dedos. — Podemos criar um pacto. Um compromisso de que, enquanto seguirmos juntos, enfrentaremos a dúvida e o medo, mas acima de tudo, nos entregaremos um ao outro.

Ponderando, Juliana deixou que a ideia a envolvesse. A entrega não era um sinal de fraqueza, mas uma escolha de coragem. — Você tem razão, Romeu. Podemos nos comprometer a ser vulneráveis um com o outro, e a nos apoiar a cada passo deste caminho. Podemos fazer isso juntos.

Nunca se teve certeza do que significa realmente ser um ao lado do outro até aquele momento. Aquela conversa poderia ser o despertar da entrega que tanto buscavam, como a brisa que trazia um frescor no ar. A decisão era essencial e, então, um ritual começou a ser moldado.

— O que acha de criarmos um ato simbólico para essa entrega? — sugeriu Romeu, sua voz inequívoca, como se cada palavra estivesse impregnada de significado. — Podemos escrever nossas inseguranças e depois queimá-las, entregando-as a Deus e pedindo por força e sabedoria.

Os olhos de Juliana brilhavam com entusiasmo. Aquela ousadia a convidava para libertar-se do peso que carregava em seu coração. Levaram suas promessas ao parque, encontrando um espaço mais tranquilo, onde poderiam refletir sem distrações. Romeu encontrou papel e uma caneta em sua bolsa, o coração disparando.

Escrevendo, Juliana entrou em um estado de entrega. Seu papel passou a ser blindagem das inseguranças externas. Ela registrou: "Medo da rejeição", e Romeu logo fez o mesmo, escrevendo "Temor de não ser suficiente".

Uma vez que as palavras estavam escaneadas e marcadas, ambos se ajoelharam em frente à pequena fogueira que estavam prontos para acender. Juliana sentiu um frio na barriga — aquele ato era mais do que um gesto, era uma declaração de suas vidas, da força que cultivavam.

— Senhor, entregamos nossas inseguranças — começou Juliana, sua voz firme, porém emocionada. — Que possamos encontrar a força na entrega e amor de nosso relacionamento. Que nossos medos se transformem em coragem.

— E que a fé sustente cada passo que queremos dar juntos, — completou Romeu, seus olhos fechados em devoção. Assim que a oração terminou, cada um pôs suas inseguranças nas chamas.

As cinzas começaram a dançar e a serem levadas pelo vento à medida que os papéis queimavam. Juliana sentiu uma leveza renovada dentro de si. Era como se cada palavra que se consumia no fogo levasse consigo os medos que a aprisionavam.

— Estou me sentindo tão livre, Romeu! — disse ela, com um sorriso largo, funcionando como uma epifania. — Isso é libertador. Era tudo o que precisávamos para dar esse passo.

— E o próximo passo é entregarmos tudo o que somos um ao outro, e a partir de agora, nunca deixarmos que a dúvida nos silencia. — Romeu sorriu de volta, sabendo que estavam prontos para se comprometer mais profundamente.

Ambos haviam decidido que a entrega à fé, à esperança e à vulnerabilidade um do outro era tudo o que realmente importava. A cada passo que davam, o passado os deixava para trás, dando espaço a um futuro cada vez mais brilhante, onde seriam firmes em seu amor, mesmo diante das incertezas.

Quando se levantaram, a sensação de novidade entre eles estava entremeada com a força das promessas que tinham feito um ao outro. Estavam mais alinhados do que nunca, prontos para enfrentar o que viesse, sempre juntos, sempre guiados pela fé que resplandecia em suas almas. Ao deixar o parque, um novo amanhecer havia surgido, e um mundo de possibilidades finalmente se abria diante deles. Eles eram o amor vivo, pulsante, fortalecido pela certeza de uma entrega silenciosa e poderosa.

O sol começava a descer no horizonte, irradiando um calor que envolvia Romeu e Juliana enquanto se sentavam juntos debaixo da sombra da árvore que plantaram. A atmosfera estava carregada de reflexão; o amor que compartilhavam enfrentava tensões que não podiam mais ser ignoradas. Juliana olhou para Romeu, suas sobrancelhas franzidas como se lhe faltassem palavras, e disse:

— Você já se sentiu como que estamos paralisados? Como se, apesar do amor que temos um pelo outro, as expectativas e os medos começam a nos definir mais do que a nossa própria alegria?

Ela estava abrindo seu coração, e Romeu, percebendo a fragilidade da situação, sentiu uma necessidade urgente de confortá-la. — Eu com certeza já passei por isso. Existe um peso nas expectativas que nos cercam: a família, a sociedade, tudo isso se torna um fardo, como correntes invisíveis amarrando nossos pés. Mas precisamos decidir agora, Juliana. Isso é um pacto de amor.

Abaixando a cabeça em um gesto de concordância, Juliana ponderou a intensidade das palavras de Romeu. A conversa, cada vez mais íntima, fazia com que o medo desse amor se tornasse mais palpável. — E se fracassarmos? — ela sussurrou, quase refletindo a angústia que habitava em seu íntimo. — E se nossos passados, as feridas que carregamos, nos levarem a um ciclo que nos machucará ainda mais?

— Isso é parte da vida, minhas querida — Romeu respondeu com firmeza. — Cada pessoa carrega seu fardo, mas isso não deve nos impedir de cultivarmos o que é belo. Eu não quero perder você por causa do medo. A entrega não dá medo, precisamos nos entregar ao amor.

Aquelas palavras ecoavam como um divisor de águas. Juliana sentiu um misto de alívio e emoção; sua insegurança tocava profundamente a essência do que ambos vivenciavam. — E se escolhermos o caminho da entrega? — disse ela, a voz agora mais decidida. — Onde colocamos nossos medos para lado e buscamos apoio em Deus? O que você acha?

— Isso me parece o caminho certo. A entrega é o que dá sentido ao amor e é a coluna que sustenta toda a relação — Romeu respondeu, sua voz cravejada de empatia. — Podemos criar um ato simbólico para isso. Um rito em que nossas inseguranças serão entregues a Ele. Podemos escrever tudo em um pedaço de papel e queimar, liberando o que nos prende.

Juliana sorriu pela primeira vez, vislumbrando esperança numa ideia tão simples. — Vejo isso como libertador! A cada papel que queimamos, teremos um alívio do medo. Vamos nos confrontar e sairmos mais fortes!

Eles se levantaram e se dirigiram a um espaço mais tranquilo do parque. A grama ainda úmida sob os pés criava uma sensação de renovação; juntas, assim como a promessa feita em palavras, estavam prestes a acender uma fogueira que simbolizava a transformação. Juliana, pegando o caderno de anotações que sempre carregava, começou a escrever.

— Estou colocando aqui meus medos... o medo de não ser suficiente — ela murmurou, sentindo a caneta deslizando com a carga emocional que estava liberando.

Romeu acompanhou seu gesto, anotando: "a incerteza sobre o futuro e a pressão para moldar nosso amor da maneira que outros esperam". Dramaticamente, ambos sentiram como se o peso das palavras se tornasse mais leve a cada linha escrita. Era libertador. Después, clicando com um sorriso leve, Juliana segurou seu papel e disse:

— Nós escolhemos isso, não há força maior do que a entrega ao amor que sentimos. Vamos, agora, liberar o que nos prende!

Após uma oração, onde pediram por força e renovação, os papéis foram entregues às chamas. Vendo as cinzas subirem, acompanhadas pelo calor aconchegante do fogo, um sentimento de leveza tomou conta. Era como se pudessem deixar de lado não apenas seus medos, mas tudo que poderia ameaçar seu amor.

— Estamos prontos para nos entregar — disse Juliana, um brilho novo em seus olhos. — Quero que isso seja nosso marco, nosso caminho ao futuro.

— E sempre estaremos juntos. Vamos cultivar um amor que prevaleça sobre os desafios — afirmou Romeu, com emoção pulsando em seu coração.

Relembrando as palavras de um mentor que sempre esteve ao lado deles, ambos sentiram que o amor verdadeiro não se baseava em conquistas mundanas, mas na capacidade de se encontrarem e permanecerem unidos, independentemente de quaisquer obstáculos. Assim, ao caminhar de volta, lado a lado, estavam mais firmes do que nunca. Juntos, eram invencíveis. Estavam prontos para abraçar o futuro, fortalecidos pela fé e pelo compromisso que haviam recém-cultivado.

Capítulo 12: O Renascimento da Fé

Os primeiros raios do sol atravessavam as copas das árvores, filtrando-se como uma luz suave que iluminava o espaço onde Romeu e Juliana se encontravam, deitados na grama fresca. O parque estava silencioso, como se o mundo ao redor estivesse respeitando aquele momento sagrado que ambos estavam prestes a vivenciar. Juliana puxou a respiração, sentindo-se renovada após a intensa entrega das inseguranças. Era como se cada palavra que haviam queimado trouxesse consigo um novo sopro de vida.

— Você sente isso? — Romeu perguntou, sua voz suave como o sopro da brisa matutina. — Essa sensação de leveza? É como se tudo o que nos pressionava, todas as dúvidas, simplesmente tivesse se dissipado.

Juliana sorriu, olhando nos olhos de Romeu, que brilhavam com um toque de esperança. — Sim, sinto como se um peso imenso tivesse sido tirado das minhas costas. A oração que fizemos foi mais poderosa do que eu poderia imaginar. É como se Deus estivesse nos guiando de forma clara, nos mostrando o caminho de volta para casa, de volta para o amor.

Ele assentiu, sentindo a verdade por trás de suas palavras. Fazia tempo que não se sentiam tão unidos, tão focados na fé que os sustentava. — Devemos nos lembrar de que essa entrega é um renascimento, um novo começo. Precisamos sustentar isso e deixá-lo entrar em nossas vidas todos os dias.

— Vamos fazer disso um hábito. Cada manhã, podemos nos encontrar aqui, antes do dia se agitar e as distrações aparecerem. Precisamos nos preencher com a minha esperança, para que possamos reforçar nossas promessas — Juliana sugeriu, com os olhos brilhando de alegria.

— Faro perfeito! Podemos até trazer a Palavra, ler alguns versículos e meditar sobre eles enquanto cuidamos um do outro — Romeu respondeu entusiasticamente. — Isso fará uma diferença significativa em como enfrentaremos a vida.

Assim, com a luz do amanhecer envolvendo-os em um abraço caloroso, ambos se comprometeram a cultivar essa prática de oração e meditação em suas vidas, como um eco da nova fé que havia renascido em seus corações.

Fora deste espaço amoroso, a vida lá fora não pararia. Mudanças e desafios ainda os aguardavam, e mesmo que houvesse inseguranças à vista, o compromisso de permanecer juntos e entregar-se à fé seria o que os guiaria. Eles se levantaram, e com as mãos entrelaçadas, voltaram para o caminho pelo qual caminhavam juntos.

À medida que caminhavam, um olhar confiante se firmava entre eles, solidificando a decisão de não apenas esperar, mas de viver intensamente essa espera, celebrando cada passo da jornada. O amor que cultivavam não era uma simples emoção, mas uma força vibrante, pulsante, que iluminava o caminho para o futuro — um futuro repleto de possibilidades onde seriam cada vez mais liderados pela luz da esperança.

Como um lembrete do que eram e como desejavam ser, Romeu olhou para Juliana e declarou: — Com cada dia que vem, somos testemunhas do poder de nossas promessas e da força de nossa entrega.

Juliana sorriu, sentindo o coração transbordar com nova determinação. — E que a cada amanhecer, possamos nos transformar novamente, renascendo em fé e amor.

Naquele momento, não apenas o sol se erguia no horizonte, mas suas esperanças e sonhos estavam agora mais vivos do que nunca, florescendo no coração de dois jovens que aprenderam que o amor, quando alimentado pela entrega e pela fé, se renova continuamente, pronto para enfrentar qualquer tempestade. Eles eram, finalmente, livres.

Quando a luz da manhã começou a iluminar o parque, Maio e Juliana se encontraram, mais um dia em que a espera se tornava poesia. O som suave das folhas balançando ao vento e o canto dos pássaros ao redor criaram um cenário cheio de expectativa, como se a própria natureza estivesse celebrando a renovação da fé que ambos estavam vivenciando.

— Então, decidimos tornar isso oficial, não é? — Romeu perguntou, tomando as mãos de Juliana entre as dele, seu olhar penetrante e cheio de amor.

— Sim, um pacto de noivado! — Juliana exclamou, a emoção preenchendo sua voz. — Um compromisso não apenas entre nós, mas transformado em um laço sagrado diante de Deus. Um compromisso de que, independentemente dos desafios, sempre buscaremos um ao outro, firmes em nossa fé.

— Que lindo isso! Vamos prometer nos amar e apoiar, mas superar os desafios com honestidade — disse Romeu, seu coração palpitando fortemente. — Sobre isto, posso escrever o nosso juramento e lermos juntos.

Ele rapidamente pegou um caderno e uma caneta, e a cada palavra que escrevia, as promessas pareciam ganhar vida, dançando no ar como pequenos fogos de artifício.

— "Prometo honrá-la e amá-la todos os dias de nossa vida, mesmo quando a vida nos testar. Que em cada alegria e dor, possamos encontrar força na fé um do outro" — leu em voz alta, sua voz carregada de sinceridade e firmeza.

— "E eu prometo nunca deixar que as dúvidas se instalem em nossos corações. Nos momentos difíceis, lembrarei que o amor é nosso abrigo, e em cada passo que dermos juntos, buscaremos sempre a luz de Deus" — acrescentou Juliana, sentindo as lágrimas de emoção encherem seus olhos.

Com o pacto escrito, eles decidiram compartilhá-lo. O céu, claro e radiante, parecia aprovado pela entrega que estavam fazendo. As palavras que ecoavam de suas bocas se tornaram promessas sagradas, cada declaração enchendo o ar com uma energia palpável.

— Quero que todos ao nosso redor saibam do compromisso que firmamos. — Romeu declarou, seu olhar firme e decidido. — Portanto, no próximo culto, pedirei a benção da nossa igreja. Eles precisam ser testemunhas da nossa jornada.

— Isso é maravilhoso! — respondeu Juliana, a voz vibrando de animação. — Um amor assim, construído sobre o respeito e a fé, merece ser celebrado publicamente. Vamos encher nossos amigos e familiares de esperança!

Assim, cada palavra ressoava desde as profundezas de seus corações até o céu. Eles estavam tão ocupados nos preparativos para o culto que, por um momento, se esqueceram das dificuldades que enfrentaram, do medo que antes os afligia. Neste novo compromisso, todos os desafios pareciam pequenos diante do poder do amor e da fé.

Romeu se aproximou com um brilho nos olhos, e em um momento de sinceridade, perguntou: — Você tem certeza disso, Juliana? O passo que estamos prestes a dar é definitivo. A espera só irá se intensificar.

— Estou pronta, Romeu! Acreditar nesta espera é mais do que um ato de fé. É abraçar cada momento que virá com um foco profundo em nossa espiritualidade. Estamos renascendo, e a fé será nossa guia — respondeu Juliana, determinada.

Eles se aproximaram ainda mais e, naquele instante, as mãos se entrelaçaram firmemente. Assim, a manhã se desdobrou em promessas e esperanças, como um florescer contínuo em um jardim de amor genuíno, onde a paciência finalmente brotava numa colheita de vida partilhada.

Era o compromisso da espera que os levaria a voar mais alto, mais eficiente. Eles sorriam um para o outro, com a certeza de que, com o poder da fé, estavam prontos para tocar as estrelas e sentir o calor da luz divina guiando seus passos.

E assim, neste novo capítulo, começaram a planejar a celebração de seu amor fiel, confiantes de que cada dia traria mais beleza ao que estavam criando juntos. O coração pulsando, juntos, estavam prontos para caminhar nesta nova jornada, lado a lado, em sintonia com o sol que brilhava por trás das nuvens, iluminando seu caminho pela fé que cultivavam.

O Testemunho do Amor

O sol despontava no horizonte, tingindo o céu com tons dourados, enquanto Romeu e Juliana se preparavam para um dia que prometia marcar suas vidas para sempre. A atmosfera pulsava com a energia da expectativa. Amigos e familiares estavam reunidos na igreja local, prontos para celebrar não apenas um noivado, mas a força de um amor que havia sido forjado através de desafios e fé.

— Estou tão nervosa, Romeu! — disse Juliana, seu olhar perdido por um instante nas flores decorativas que enfeitavam a igreja. O coração dela batia acelerado, como se quisesse acompanhar a felicidade que sentia. O espaço estava aquecido por sorrisos, mas ela não podia afastar a ansiedade.

— Lembre-se, meu amor, nós estamos aqui para celebrar nosso amor e a nossa escolha — Romeu respondeu, envolvendo suas mãos nas dela. A firmeza com que segurava suas mãos a tranquilizava. — Estamos cercados por aqueles que nos amam e acreditam na nossa jornada. Vamos deixar a luz do nosso amor brilhar!

Eles entraram juntos na igreja, e cada passo parecia ecoar em seus corações. As pessoas que se reuniram ali eram testemunhas não apenas de um compromisso romântico, mas da crença em um futuro que tinha Deus como guia. Ao se posicionarem diante do altar, sentiram uma onda de paz inundar seus corpos. Olhares aproxima-se deles, todos cheios de amor e expectativa.

Durante a cerimônia, as leituras foram intercaladas com momentos de oração, um reflexo da própria essência do que estavam celebrando. Parentes e amigos não apenas presenciaram, mas cada um compartilhou um testemunho de fé, reforçando a ideia de que estavam todos juntos naquela caminhada.

— Juliana e Romeu, o amor que vocês podem demonstrar é um testemunho poderoso para todos aqui — começou o pastor, sua voz imponente reverberando pela igreja ao invés de ecoar, elevando cada coração presente. Ele se virou para a congregação. — Que histórias de amor e fé todos nós ainda podemos contar!

Entre os convidados, lágrimas de alegria eram visíveis, e muitos se lembravam das lutas pessoais que enfrentaram ao longo de suas vidas. Os testemunhos seguiam fluir:

— Eu também conheci o amor de espera — introduziu uma amiga próxima, emocionada. — Lembro-me de como esperei por anos até que Deus me apresentasse a pessoa certa. Nunca foi fácil, mas a espera valeu a pena!

As declarações enchiam a igreja com um clima de união, onde o amor se manifestava numa melodia harmônica. Romeu se virou para olhar Juliana e, no fundo de seus olhos, viu o reflexo de tudo o que passaram juntos.

— Acreditem, o amor é como uma planta que precisa do cuidado do sol e da chuva — continuou outro convidado. As palavras faziam eco na cabeça dos dois. — O amor que vocês compartilham hoje é a prova de que temos fé naquilo que esperamos. É durante as tormentas que nos tornamos mais fortes.

No final da cerimônia, uma energia palpável reinava. Romeu e Juliana se abraçaram, sem palavras, pois aquela conexão silenciosa dizia tudo. O momento em que prometeram um ao outro se comprometer a cultivar a luz da fé em cada ato que realizassem juntos era sagrado, e toda igreja aplaudiu a decisão.

Saíram da cerimônia de mãos dadas, a celebração se espalhou por toda a entrada da igreja. Frases de carinho e encorajamento eram trocadas entre os convidados. O amor deles agora não era apenas um testemunho de união, mas um chamado à ação.

— Prontos para a próxima jornada? — perguntou Romeu, enquanto caminhavam entre seus entes queridos, juntos, sob um arco de flores e bem-vindos. Ele olhou para Juliana, um brilho determinado no olhar.

— Com certeza, estamos prontos! — respondeu ela, repleta de emoção. — O amor que celebramos hoje é apenas o começo. Com fé, temos tudo o que precisamos para trilhar esse caminho.

E assim, à medida que deixavam o templo, a luz que nascia não era apenas do sol que brilhava, mas da convicção de dois corações que, juntos, nada temiam. Com os amigos e a família ao lado, Romeu e Juliana sabiam que a jornada da espera, da entrega e do amor guiado pela fé ainda renderia muitas histórias inspire-se e testemunhos de vida iluminada, e estavam prontos para entrar nesta nova fase, juntos e mais fortes do que nunca.

O fim deste protagonista estava apenas começando, e com a união que firmaram, o futuro era radiante.

Enquanto o sol refletia tons dourados no céu, Romeu e Juliana caminhavam lado a lado pelo parque, onde semanas atrás haviam liberado suas inseguranças em chamas. A atmosfera ao redor deles estava repleta de um ar renovado, uma energia palpável que fazia cada passo parecer mais leve, como se o amor e a fé se entrelaçassem em cada batida do coração.

— É incrível o que a entrega pode fazer por nós, não acha? — comentou Juliana, enquanto admirava a beleza do entorno. O verde das árvores e o canto dos pássaros criavam um cenário natural que refletia o renascimento que ambos estavam vivenciando.

Romeu sorriu. — Quando nos entregamos, não apenas encontramos força, mas também uma clareza que nos guia em momentos de dúvida. Sinto como se agora, mais do que nunca, estivéssemos prontos para o que vem pela frente.

— E se as dificuldades aparecerem novamente? — questionou Juliana. A insegurança ainda a acompanhava, embora hesitante. — Como saberemos que estamos prontos?

— Nós nos prepararemos, juntos. A fé que cultivamos ao longo dessa jornada será nossa âncora — Romeu respondeu, olhando diretamente nos olhos dela com determinação. — Além disso, temos a promessa de sempre orar e meditar, para que possamos nos reequilibrar sempre que as tempestades surgirem.

A luz do sol envolvia seus rostos, e a sensação de paz era profunda. Era como se tudo ao redor estivesse conspirando para lembrá-los da força que conseguiram encontrar em sua união. Eles decidiram, então, continuar sua caminhada até um pequeno mirante que costumavam visitar, um lugar que simbolizava seus novos começos.

Ao alcançarem o local, Juliana se virou para Romeu, seu coração repleto de confiança. — Chegamos até aqui, e cada um de nossos medos se tornou um testemunho da nossa coragem. Temos um futuro brilhante pela frente.

— Sim, e quero que esse futuro seja apenas o começo da nossa história juntos — disse Romeu, segurando a mão dela firmemente. — Vamos fazer planos, estabelecer metas e construir juntos todos os sonhos que temos. Cada passo deve ser dado em direção à luz que nos guia.

Enquanto compartilhavam seus sonhos e aspirações, contemplaram a possibilidade de criar também a vida cristã que sempre desejaram. Discutiram sobre as comunidades a que poderiam se unir, os ministérios que poderiam apoiar e o impacto que poderiam causar através de pequenas ações no dia a dia. Esse compromisso não era apenas com eles mesmos, mas com a fé que os movia.

— Quero que nossas vidas sejam como luzes que brilhem muito — disse Juliana, seus olhos piscando com esperança. — Não quero apenas ser uma boa esposa, mas quero ser uma aliada em tudo o que fizermos juntos. Podemos ser inspiração para os outros.

— E seremos! O amor que temos é contagiante. Acredito que, assim como foi com a nossa história, podemos ajudar outros a acreditarem na espera e na entrega — Romeu emendou, colocando um braço ao redor dela.

Após um momento de silêncio, ambos olharam para o horizonte, onde o sol começava a se pôr. Era um espetáculo de cores, um verdadeiro reflexo do que sentiam por dentro. Não havia mais receio, apenas a certeza de que o amor sempre os guiaria, independente das circunstâncias.

— Uma nova jornada — disse Juliana, sorrindo. — É isso que temos pela frente. Vamos juntos, de mãos dadas, para enfrentar o que vier com fé.

E assim, com a força de sua união renovada nas mãos, Romeu e Juliana partiram. Com o coração leve e os olhos voltados para o futuro, estavam prontos para escrever os próximos capítulos da vida que tinham a intenção de mudar, sempre guiados pelo amor e pela luz de suas promessas.

A esperança é uma chama que, mesmo nas noites mais escuras, pode nos guiar e aquecer nossos corações. Ao longo desta história de Romeu e Juliana, pude explorar as profundezas do amor, da espera e da fé, elementos que moldam nossas vidas de maneiras tão profundas e significativas. A jornada desses dois jovens não é apenas sobre a busca por um amor eterno, mas também sobre a coragem de enfrentar os desafios que surgem quando desejamos seguir o caminho do que é certo e verdadeiro.

Que cada um de vocês, leitores, carregue consigo a consciência de que cada escolha e cada desafio são convites para o crescimento. A espera pode ser dolorosa, mas também é um processo enriquecedor que nos prepara para o que está por vir. Espero que a história de Romeu e Juliana inspire vocês a acreditarem em um amor que transcende tudo, mesmo ao enfrentar contratempos.

Agradeço do fundo do meu coração por embarcarem comigo nesta jornada. Que este livro se torne uma luz na sua estrada, assim como os personagens iluminaram a minha.

Com carinho,

Angela Fernandes de Carvalho

Como Usar este Livro com um Grupo

Ao refletir sobre os temas abordados no livro "Romeu e Juliana: Um Amor de Espera", somos levados a considerar a importância da conexão espiritual, da paciência, da resistência às tentações, do perdão, da esperança e do compromisso mútuo nos relacionamentos. Cada capítulo nos convida a mergulhar nas profundezas da fé e a enfrentar os desafios com coragem e confiança em Deus.

A jornada de Romeu e Juliana nos lembra que, em meio às tempestades da vida e às armadilhas do mundo, é possível encontrar força e esperança em Deus. Os conflitos familiares, as revelações do passado e os momentos de desespero são oportunidades para crescer em amor e compreensão mútua, fortalecendo assim o vínculo do casal.

A mensagem central deste livro é a importância de construir relacionamentos sólidos e duradouros fundamentados nos princípios da Palavra de Deus. Ao praticar a paciência, a bondade, o perdão e a entrega total a Deus, os casais podem experimentar a verdadeira alegria e plenitude em seu relacionamento.

Que cada casal que se aventurar na leitura deste livro seja inspirado a cultivar um amor que espera, que persevera e que se renova constantemente na presença de Deus. Que possam encontrar encorajamento nas mensagens de esperança e força nos momentos de confronto, sabendo que o amor verdadeiro é um reflexo do amor incondicional de Deus por nós.

Que a história de Romeu e Juliana nos inspire a buscar sempre a vontade de Deus em nossos relacionamentos, a permanecer firmes na fé e a caminhar juntos, confiantes de que Ele é o alicerce sólido sobre o qual podemos construir um amor que perdura para toda a eternidade.

Vejamos alguns versículos bíblicos que foram praticados por Romeu e Juliana ao longo de sua jornada de amor e espera. Discuta a forma de aplicação que Romeu e Juliana usaram. Faça sessões de tempestade de ideias para imaginar atividades e novas formas criativas de praticar os ensinos bíblicos como um casal de namorados cristãos comprometidos:

1. 1 Coríntios 13:4-7 (NVI)
   - "O amor é paciente, é bondoso. Não inveja, não se vangloria, não se orgulha."

2. Isaías 40:31 (NVI)
   - "Mas aqueles que esperam no Senhor renovam as suas forças. Voam alto como águias; correm e não ficam exaustos, andam e não se cansam."

3. 1 Coríntios 10:13 (NVI)
   - "Não veio sobre vocês tentação que não fosse comum aos homens. E Deus é fiel; ele não permitirá que vocês sejam tentados além do que podem suportar. Mas, quando forem tentados, ele mesmo providenciará um escape, para que o possam suportar."

4. Efésios 4:32 (NVI)
   - "Antes, sejam bondosos e compassivos uns para com os outros, perdoando-se mutuamente, assim como Deus os perdoou em Cristo."

5. Colossenses 2:7 (NVI)
   - "Sejam enraizados e edificados nele, firmados na fé, como foram ensinados, transbordando de gratidão."

6. Romanos 12:2 (NVI)
   - "Não se amoldem ao padrão deste mundo, mas transformem-se pela renovação da sua mente, para que sejam capazes de experimentar e comprovar a boa, agradável e perfeita vontade de Deus."

7. Romanos 15:13 (NVI)
- "Que o Deus da esperança os encha de toda alegria e paz, por sua confiança nele, para que vocês transbordem de esperança, pelo poder do Espírito Santo."

Estes versículos foram vivenciados por Romeu e Juliana em sua jornada de amor e espera, guiando-os, fortalecendo-os e inspirando-os a construir um relacionamento sólido e centrado em Deus. Que possamos também aplicar esses princípios em nossos próprios relacionamentos, buscando sempre a vontade de Deus em tudo o que fazemos.

Este livro "Romeu e Juliana: Um Amor de Espera" pode ser dividido em diferentes sessões de estudo para grupos de casais cristãos que estão namorando sério. Cada capítulo pode ser explorado em uma reunião, permitindo que os casais mergulhem nas reflexões e lições apresentadas na narrativa. Aqui está uma sugestão de como o livro pode ser dividido e aproveitado em grupos de casais cristãos:

1. Encontro das Almas (Capítulo 1)
   - Tema: Reconhecimento mútuo e conexão espiritual.
   - Discussão: Como os casais podem identificar e nutrir uma conexão espiritual profunda em seu relacionamento?

2. Promessa de Espera (Capítulo 2)
   - Tema: Paciência e confiança no plano de Deus.
   - Discussão: Como os casais podem praticar a espera com fé e confiança em Deus em seu relacionamento?

3. Tempestade da Tentação (Capítulo 3)
   - Tema: Resistência às tentações e fortalecimento da fé.
   - Discussão: Quais são as estratégias que os casais podem adotar para resistir às tentações e manter sua fé forte?

4. Conflitos Familiares (Capítulo 4)
   - Tema: Lidando com conflitos e diferenças familiares.
   - Discussão: Como os casais podem lidar com os desafios que surgem de conflitos familiares e manter a unidade em Cristo?

5. Profundidade da Fé (Capítulo 5)
   - Tema: Crescimento espiritual individual e em casal.
   - Discussão: Como os casais podem incentivar o crescimento espiritual mútuo e individual em seu relacionamento?

6. Armadilhas do Mundo (Capítulo 6)
   - Tema: Permanecer firmes em meio às influências do mundo.
   - Discussão: Quais são as armadilhas do mundo moderno que os casais devem estar atentos e como podem se proteger delas?

7. Mensagens de Esperança (Capítulo 7)
   - Tema: Encorajamento mútuo e esperança em Deus.
   - Discussão: Como os casais podem se apoiar mutuamente e encontrar esperança em Deus durante os momentos difíceis?

8. Confronto e Desespero (Capítulo 8)
   - Tema: Superando desafios e crises no relacionamento.
   - Discussão: Como os casais podem enfrentar os momentos de desespero juntos e fortalecer seu relacionamento?

9. Revelação do Passado (Capítulo 9)
   - Tema: Aceitação e perdão do passado.
   - Discussão: Como os casais podem lidar com revelações do passado um do outro e praticar o perdão e a aceitação?

10. Despertar da Esperança (Capítulo 10)
    - Tema: Renovação da esperança e visão para o futuro.
    - Discussão: Como os casais podem renovar sua esperança em Deus e planejar o futuro juntos?

11. Decisão da Entrega (Capítulo 11)
    - Tema: Entrega total a Deus e aos propósitos divinos.
    - Discussão: Como os casais podem se render completamente a Deus e confiar em Seus planos para o relacionamento?

12. Renascimento da Fé (Capítulo 12)
    - Tema: Renovação espiritual e compromisso mútuo.
    - Discussão: Como os casais podem renovar sua fé e compromisso um com o outro à luz das lições aprendidas?

Cada sessão de estudo pode incluir leitura do capítulo correspondente, discussão em grupo, reflexão pessoal, oração e aplicação prática dos princípios abordados. Dessa forma, os casais poderão crescer espiritualmente juntos e fortalecer seu relacionamento à luz da Palavra de Deus e dos exemplos apresentados na história de "Romeu e Juliana: Um Amor de Espera".

Para engajar os casais durante cada sessão de estudo, é importante incluir atividades práticas que promovam a reflexão, a interação e a aplicação dos princípios abordados. Aqui estão algumas sugestões de atividades práticas que podem ser incluídas em cada sessão:

1. Encontro das Almas (Capítulo 1)
   - Atividade: Compartilhar suas histórias de como se conheceram espiritualmente.
   - Versículo: 1 Coríntios 13:4-7 (NVI) - "O amor é paciente, é bondoso. Não inveja, não se vangloria, não se orgulha."

2. Promessa de Espera (Capítulo 2)
   - Atividade: Escrever cartas um para o outro sobre o que estão esperando em Deus.
   - Versículo: Isaías 40:31 (NVI) - "Mas aqueles que esperam no Senhor renovam as suas forças. Voam alto como águias; correm e não ficam exaustos, andam e não se cansam."

3. Tempestade da Tentação (Capítulo 3)
   - Atividade: Criar um plano juntos para resistir às tentações do mundo.
   - Versículo: 1 Coríntios 10:13 (NVI) - "Não veio sobre vocês tentação que não fosse comum aos homens. E Deus é fiel; ele não permitirá que vocês sejam tentados além do que podem suportar. Mas, quando forem tentados, ele mesmo providenciará um escape, para que o possam suportar."

4. Conflitos Familiares (Capítulo 4)
   - Atividade: Orar uns pelos outros e pelas famílias de cada um.
   - Versículo: Efésios 4:32 (NVI) - "Antes, sejam bondosos e compassivos uns para com os outros, perdoando-se mutuamente, assim como Deus os perdoou em Cristo."

5. Profundidade da Fé (Capítulo 5)
   - Atividade: Estudar juntos um livro da Bíblia e compartilhar insights.
   - Versículo: Colossenses 2:7 (NVI) - "Sejam enraizados e edificados nele, firmados na fé, como foram ensinados, transbordando de gratidão."

6. Armadilhas do Mundo (Capítulo 6)
   - Atividade: Identificar juntos as influências negativas do mundo e como evitá-las.
   - Versículo: Romanos 12:2 (NVI) - "Não se amoldem ao padrão deste mundo, mas transformem-se pela renovação da sua mente, para que sejam capazes de experimentar e comprovar a boa, agradável e perfeita vontade de Deus."

7. Mensagens de Esperança (Capítulo 7)
   - Atividade: Escrever mensagens de encorajamento um para o outro.
   - Versículo: Romanos 15:13 (NVI) - "Que o Deus da esperança os encha de toda alegria e paz, por sua confiança nele, para que vocês transbordem de esperança, pelo poder do Espírito Santo."

Essas atividades podem ser adaptadas de acordo com o estágio do relacionamento de cada casal, permitindo que sejam relevantes e significativas para a jornada que estão vivendo juntos. A Palavra de Deus é a base sólida para orientar e fortalecer os relacionamentos, e os versículos sugeridos complementam os temas abordados em cada capítulo, proporcionando inspiração e direção para os casais que desejam construir um relacionamento sólido e centrado em Cristo.

A Bíblia está repleta de exemplos de amor que podem nos inspirar e ensinar sobre como amar espiritualmente e verdadeiramente. Aqui estão alguns exemplos notáveis de amor na Bíblia:

1. O Amor de Deus pela Humanidade
 - João 3:16 (NVI) - "Porque Deus tanto amou o mundo que deu o seu Filho Unigênito, para que todo o que nele crer não pereça, mas tenha a vida eterna."

2. O Amor Ágape de Jesus
 - João 15:13 (NVI) - "Ninguém tem maior amor do que este: de dar alguém a própria vida em favor dos seus amigos."

3. O Amor de Rute por Noemi
 - Rute 1:16-17 (NVI) - "Disse, porém, Rute: Não me instes para que te abandone, e deixe de seguir-te; porque aonde quer que tu fores, irei eu, e onde quer que pousares, ali pousarei eu; o teu povo é o meu povo, o teu Deus é o meu Deus."

4. O Amor de Davi e Jônatas
 - 1 Samuel 18:3 (NVI) - "E Jônatas fez aliança com Davi, porque o amava como à sua própria vida."

5. O Amor Conjugal entre Salomão e sua Esposa
 - Cânticos 4:10 (NVI) - "Como és formosa, minha amada, como és formosa! Teus olhos são pombas."

6. O Amor Fraternal entre os Discípulos
 - João 13:34-35 (NVI) - "Um novo mandamento eu lhes dou: Amem-se uns aos outros. Como eu os amei, vocês devem amar-se uns aos outros. Com isso todos saberão que vocês são meus discípulos, se vocês se amarem uns aos outros."

Estes exemplos de amor na Bíblia nos mostram diferentes aspectos e expressões do amor: o amor sacrificial de Deus, o amor incondicional de Jesus, o amor leal entre amigos, o amor familiar e o amor entre cônjuges. Que possamos aprender com esses exemplos e buscar viver o amor em todas as áreas de nossas vidas, seguindo o maior exemplo de amor que é Cristo.

Alguns temas bíblicos que podem ser relacionados à história de Romeu e Juliana e aplicados em relacionamentos modernos são:

1. Perdão e Reconciliação:
- Mateus 18:21-22 (NVI) - "Então Pedro aproximou-se de Jesus e perguntou: 'Senhor, quantas vezes deverei perdoar a meu irmão quando ele pecar contra mim? Até sete vezes?' Jesus respondeu: 'Eu digo a você: Não até sete, mas até setenta vezes sete.'"

2. Comunicação e Respeito:
- Efésios 4:29 (NVI) - "Não saia da boca de vocês nenhuma palavra prejudicial, mas apenas a que for útil para edificar os outros, conforme a necessidade, para que conceda graça aos que a ouvem."

3. Confiança em Deus:
- Provérbios 3:5-6 (NVI) - "Confie no Senhor de todo o seu coração e não se apoie em seu próprio entendimento; reconheça o Senhor em todos os seus caminhos, e ele endireitará as suas veredas."

4. Paciência e Espera:
- Tiago 5:7-8 (NVI) - "Portanto, irmãos, sejam pacientes até a vinda do Senhor. Vejam como o agricultor aguarda que a terra produza a preciosa colheita e como espera com paciência até virem as chuvas do outono e da primavera."

5. Amor e Serviço mútuo:
- Filipenses 2:3-4 (NVI) - "Não façam nada por ambição egoísta ou por vaidade, mas humildemente considerem os outros superiores a si mesmos. Cada um cuide, não somente dos seus interesses, mas também dos interesses dos outros."

Ao aplicar esses princípios bíblicos em relacionamentos modernos, os casais podem fortalecer sua união, cultivar um ambiente de amor e respeito mútuo, superar desafios com paciência e confiança em Deus, e crescer juntos em maturidade espiritual. A Palavra de Deus oferece orientações valiosas para construir relacionamentos saudáveis e duradouros, baseados no amor e na graça divina. Que cada casal busque viver de acordo com esses princípios, permitindo que o amor de Deus os guie em sua jornada vitoriosa juntos.

Romeu e Juliana: Um Amor de Espera

Mini-Peças no estilo Shakespeariano, de Romeu e Juliana _ as peças podem ser feitas separadamente entre os grupos ou todas juntas em sequência de uma vez ou mescladas, formando uma peça maior.

Peça 1

    Cena: Um jardim romântico ao luar.

    JULIANA:
    Oh, Romeu, meu amado, a tentação é forte,
    Mas a palavra divina nos guia, nos suporta.
    Em nossos corações, a chama do amor arde,
    Mas devemos resistir, para honrar o que é sagrado.

    ROMEU:
    Juliana, minha doce, minha luz na escuridão,
    A carne é fraca, mas o espírito é forte em oração.
    Não cederemos à luxúria, ao desejo desenfreado,
    Pois nosso amor é puro, nosso compromisso é sagrado.

    JULIANA:
    Então, Romeu, juremos neste momento solene,
    Nos crucificar simbolicamente, em ato de fé plena.
    Deixemos morrer os desejos da carne impura,
    Para guardar o momento certo, a união futura.

    ROMEU:
    Sim, Juliana, unamos nossas mãos em oração,
    Para resistir à tentação, à paixão em vão.
    Que nossa fé nos guie, que nosso amor seja forte,
    Até que o tempo certo chegue, para unir-nos na morte.

    Fim da cena.

Neste trecho adaptado, os personagens de Romeu e Julieta são confrontados com a tentação de ceder aos desejos carnais antes do casamento, mas decidem seguir os princípios bíblicos e se crucificar simbolicamente, renunciando aos desejos da carne em nome do amor e da fé. Essa abordagem reflete a importância da pureza e do respeito aos princípios religiosos na tomada de decisões sobre relacionamentos íntimos.

    Peça 2

Cena: No mesmo jardim romântico ao luar.

JULIANA:
Romeu, meu coração está em conflito,
Entre o desejo ardente e o temor infinito.
Como podemos resistir a esta paixão avassaladora,
E manter nossa fé, nossa promessa, agora?

ROMEU:
Juliana, minha amada, minha luz e minha sombra,
Temo a fraqueza de minha carne, a tentação que me assombra.
Mas juntos, em oração e em comunhão,
Podemos vencer, resistir à tentação.

JULIANA:
Mas e se falharmos, Romeu, e sucumbirmos ao desejo?
Será que nossa fé será abalada, nosso amor em desespero?
Como podemos enfrentar o julgamento dos céus,
Se nos entregarmos à luxúria, aos desejos mais breves?

ROMEU:
Juliana, minha querida, minha alma gêmea,
Se isso acontecer, juntos buscaremos redenção suprema.
Pois o perdão divino é vasto, é infinito,
E em arrependimento sincero, encontraremos o caminho bendito.

JULIANA:
Então, Romeu, prometamos neste instante solene,
Lutar juntos, resistir à tentação, permanecer fortes e serenos.
Que nossa fé nos guie, que nosso amor seja a luz,
Para enfrentar as sombras da tentação, em Deus confiar, em sua cruz.

Fim da cena.

Neste diálogo expandido, os personagens de Romeu e Julieta expressam suas dúvidas e medos em relação à tentação de ceder aos desejos carnais antes do casamento. Eles compartilham suas preocupações sobre a força da paixão e a fragilidade da carne, mas reafirmam sua determinação em permanecer fiéis aos princípios bíblicos e em buscar a redenção em caso de falha. A fé, o amor e a confiança em Deus são destacados como pilares para enfrentar os desafios da tentação e manter a pureza de coração.

Peça 3

Cena: No mesmo jardim romântico ao luar.

JULIANA:
Romeu, meu coração está dilacerado,
Entre o amor que arde e a fé que é meu fado.
Como conciliar a paixão que nos consome,
Com a promessa divina que nos redime?

ROMEU:
Juliana, minha amada, minha luz e minha escuridão,
A batalha interna é feroz, a dúvida é minha prisão.
Como posso amar-te tanto e resistir à tentação,
Deixar de lado o desejo em nome da salvação?

JULIANA:
Mas, Romeu, o amor que nos une é tão intenso,
Será que a fé pode nos manter afastados, suspensos?
Como navegar nesse mar de emoções conflitantes,
E encontrar a paz, a verdade em meio às correntes?

ROMEU:
Juliana, minha querida, minha alma em agonia,
O amor e a fé se entrelaçam, em nossa melodia.
É na luta interna que encontramos a verdadeira essência,
Do sacrifício, da renúncia, da fé em sua transcendência.

JULIANA:
Então, Romeu, unamos nossos corações em prece,
Para encontrar a harmonia, a paz que em Deus se tece.
Que o amor e a fé sejam nossa força, nossa luz,
Para enfrentar a tempestade, em Deus confiar, em sua cruz.

Fim da cena.

Neste diálogo mais profundo, os personagens de Romeu e Julieta exploram a luta interna entre o amor apaixonado e a fé inabalável. Eles questionam como conciliar a intensidade do sentimento com a obediência aos princípios religiosos, enfrentando a dualidade de emoções e crenças. A busca pela harmonia entre amor e fé é apresentada como um desafio que requer sacrifício, renúncia e confiança na providência divina.

Peça 4

      Cena: No mesmo jardim romântico ao luar.

      JULIANA:
      Romeu, o sacrifício se apresenta diante de nós,
      Entre o amor que nos une e a fé que nos conduz.
      Como podemos renunciar ao que mais desejamos,
      Para seguir o caminho que os céus nos traçaram?

      ROMEU:
      Juliana, minha amada, o sacrifício é a prova suprema,
      De nosso amor verdadeiro, de nossa fé que nos esquema.
      É na renúncia que encontramos a verdadeira essência,
      Do amor que transcende, da fé em sua presença.

      JULIANA:
      Mas, Romeu, o sacrifício nos parece tão árduo,
      Deixar de lado os desejos, seguir um caminho surdo.
      Como podemos encontrar a força para resistir,
      E aceitar o sacrifício que nos levará a prosseguir?

      ROMEU:
      Juliana, minha querida, o sacrifício é a prova da devoção,
      Ao amor que nos une, à fé que nos guia na escuridão.
      É na entrega total que encontramos a redenção,
      Do amor que transcende, da fé em sua perfeição.

      JULIANA:
      Então, Romeu, unamos nossas almas em sacrifício,
      Para honrar o amor, para fortalecer nossa crença no infinito.
      Que o sacrifício seja nossa oferenda, nossa expressão,
      De um amor puro, de uma fé que nos conduz à salvação.

      Fim da cena.

Neste diálogo mais profundo, os personagens de Romeu e Julieta exploram a ideia de sacrifício no contexto do amor e da fé. Eles refletem sobre a renúncia aos desejos pessoais em nome de um propósito maior, destacando a importância do sacrifício como expressão máxima de devoção e compromisso. O sacrifício é apresentado como um ato de entrega total, que fortalece o amor e a fé, e os conduz em direção à redenção e à salvação.

Peça 5

Cena: No mesmo jardim romântico ao luar.

JULIANA:
Romeu, as pressões culturais nos cercam, nos sufocam,
Entre o amor que nos une e as tradições que nos chocam.
Como podemos resistir às expectativas do mundo exterior,
E manter nossa fé e nosso amor, em meio a tanto clamor?

ROMEU:
Juliana, minha amada, as pressões são fortes, implacáveis,
Mas em nosso amor verdadeiro, encontramos a força inabalável.
É na união de nossas almas que resistimos à tempestade,
Do mundo que nos cerca, da cultura que nos invade.

JULIANA:
Mas, Romeu, as pressões familiares e dos amigos mundanos,
Nos empurram para caminhos incertos, desumanos.
Como podemos permanecer fiéis a nós mesmos, em meio ao caos,
E seguir o caminho da verdade, da fé, em Deus, tão audaz?

ROMEU:
Juliana, minha querida, as pressões são como ventos fortes,
Mas em nossa união, encontramos abrigo, suporte.
É na firmeza de nossa fé e amor que resistimos à tormenta,
Das influências externas, das vozes que nos tentam.

JULIANA:
Então, Romeu, unamos nossos corações contra as pressões,
Para enfrentar as expectativas, as normas, as ilusões.
Que nossa fé e amor sejam nossa âncora, nossa proteção,
Contra as pressões do mundo, em Deus confiar, em sua redenção.

Fim da cena.

Neste diálogo expandido, os personagens de Romeu e Julieta confrontam as pressões culturais, familiares e dos amigos mundanos que tentam interferir em seu amor e fé. Eles discutem a importância de permanecer fiéis a si mesmos e aos seus princípios, mesmo diante das expectativas e normas impostas pelo mundo exterior. A união de suas almas é apresentada como um refúgio contra as influências negativas, fortalecendo sua determinação em seguir o caminho da verdade e da fé.

Peça 6

Cena: No mesmo jardim romântico ao luar.

JULIANA:
Romeu, os perigos de ceder às pressões são iminentes,
Entre o amor que nos une e as tentações envolventes.
Como podemos resistir à sedução do fácil, do conveniente,
E manter nossa fé e nosso amor, em meio ao que é aparente?

ROMEU:
Juliana, minha amada, os perigos são reais, sedutores,
Mas em nossa determinação, encontramos escudos protetores.
É na firmeza de nossos corações que resistimos à queda,
Para não ceder às armadilhas, às ilusões que nos enredam.

JULIANA:
Mas, Romeu, os perigos de ceder são como abismos profundos,
Nos arrastando para longe de nós mesmos, tão fecundos.
Como podemos manter a integridade de nossas almas,
E não sucumbir às pressões, às tentações que nos acalmam?

ROMEU:
Juliana, minha querida, os perigos nos rodeiam, insistentes,
Mas em nossa união, encontramos força, somos resilientes.
É na consciência de nossos valores que resistimos à queda,
Para não ceder ao engano, à falsidade que nos segreda.

JULIANA:
Então, Romeu, unamos nossas vontades contra os perigos,
Para enfrentar as armadilhas, as seduções, os artigos.
Que nossa fé e amor sejam nossa luz, nossa proteção,
Contra os perigos da cedência, em Deus confiar, em sua direção.

Fim da cena.

Neste diálogo aprofundado, os personagens de Romeu e Julieta discutem os perigos de ceder às pressões externas e às tentações que ameaçam seu amor e fé. Eles refletem sobre a importância de manter a integridade de suas almas e resistir às seduções do fácil e do conveniente, destacando a necessidade de permanecer fiéis a seus valores e princípios.

Peça 7

Cena: No mesmo jardim romântico ao luar.

JULIANA:
Romeu, as consequências físicas, sociais e psíquicas são graves,
Entre o amor que nos une e as pressões que nos escravizam.
Como podemos lidar com os impactos de ceder, tão avassaladores,
E manter nossa fé e nosso amor, em meio a tantos dissabores?

ROMEU:
Juliana, minha amada, as consequências são reais, devastadoras,
Mas em nossa união, encontramos força, somos restauradoras.
É na resiliência de nossos espíritos que enfrentamos a tempestade,
Para não sucumbir aos danos, às feridas que nos invade.

JULIANA:
Mas, Romeu, as consequências físicas, sociais e psíquicas são profundas,
Nos afetando em todos os níveis, em todas as ondas.
Como podemos superar os traumas, as cicatrizes, as marcas,
E não desistir de nossa fé, de nosso amor, em meio às marcas?

ROMEU:
Juliana, minha querida, as consequências nos assombram, persistentes,
Mas em nossa determinação, encontramos cura, somos resilientes.
É na compaixão de nossos corações que enfrentamos a dor,
Para não ceder ao desespero, à escuridão que nos devora.

JULIANA:
Então, Romeu, unamos nossas almas contra as consequências,
Para enfrentar os desafios, as dores, as sentenças.
Que nossa fé e amor sejam nossa fortaleza, nossa proteção,
Contra as consequências da cedência, em Deus confiar, em sua redenção.

Fim da cena.

Neste diálogo mais profundo, os personagens de Romeu e Julieta exploram as consequências físicas, sociais e psíquicas de ceder às pressões externas e às tentações. Eles refletem sobre os impactos profundos que essas escolhas podem ter em suas vidas, destacando a importância de enfrentar os traumas, as cicatrizes e as marcas deixadas por essas experiências, mantendo a fé e o amor como guias em meio às adversidades.

Peça 8

Cena: No mesmo jardim romântico ao luar.

JULIANA:
Romeu, as consequências de ceder são como correntes pesadas,
Entre o amor que nos une e as escolhas que nos desgastam.
Como podemos lidar com os efeitos colaterais, tão profundos,
E manter nossa fé e nosso amor, em meio a tantos segundos?

ROMEU:
Juliana, minha amada, as consequências são como sombras escuras,
Mas em nossa união, encontramos luz, somos curas.
É na compreensão de nossas fraquezas que enfrentamos a tormenta,
Para não nos perdermos nas marcas, nas feridas que nos atormentam.

JULIANA:
Mas, Romeu, as consequências físicas, sociais e psíquicas são reais,
Nos afetando em todos os aspectos, em todos os portais.
Como podemos reconstruir o que foi danificado, o que foi perdido,
E não desistir de nossa fé, de nosso amor, em meio ao abatido?

ROMEU:
Juliana, minha querida, as consequências nos desafiam, persistentes,
Mas em nossa determinação, encontramos força, somos resilientes.
É na aceitação de nossas imperfeições que enfrentamos a dor,
Para não nos rendermos à desesperança, à tristeza que nos devora.

JULIANA:
Então, Romeu, unamos nossos espíritos contra as consequências,
Para enfrentar as marcas, as cicatrizes, as sentenças.
Que nossa fé e amor sejam nossa cura, nossa proteção,
Contra as consequências da cedência, em Deus confiar, em sua redenção.

Fim da cena.

Neste diálogo mais aprofundado, os personagens de Romeu e Julieta exploram as consequências físicas, sociais e psíquicas de ceder às pressões externas e às tentações, destacando a importância de reconstruir o que foi danificado e não perder a esperança, mantendo a fé e o amor como bússolas em meio às adversidades.

Peça 9

Cena: No mesmo jardim romântico ao luar.

JULIANA:
Romeu, a necessidade de encarar as adversidades é inegável,
Entre o amor que nos une e os desafios que nos são instáveis.
Como podemos enfrentar as tempestades, os obstáculos à nossa frente,
E manter nossa fé e nosso amor, em meio a tudo que nos atormenta?

ROMEU:
Juliana, minha amada, a necessidade de encarar as adversidades é crucial,
Pois em nossa união, encontramos força, somos imortais.
É na coragem de nossos espíritos que enfrentamos a escuridão,
Para não nos perdermos no medo, na incerteza que nos assola.

JULIANA:
Mas, Romeu, as adversidades físicas, sociais e psíquicas são intensas,
Nos desafiando em todos os sentidos, em todas as extensas.
Como podemos superar os desafios, as provações, as tormentas,
E não desistir de nossa fé, de nosso amor, em meio às tormentas?

ROMEU:
Juliana, minha querida, as adversidades nos testam, persistentes,
Mas em nossa determinação, encontramos resiliência, somos consistentes.
É na perseverança de nossos corações que enfrentamos a batalha,
Para não nos rendermos à fraqueza, à desesperança que nos abala.

JULIANA:
Então, Romeu, unamos nossas almas contra as adversidades,
Para enfrentar os desafios, as tribulações, as realidades.
Que nossa fé e amor sejam nossa força, nossa proteção,
Contra as adversidades da vida, em Deus confiar, em sua direção.

Fim da cena.

Neste diálogo mais profundo, os personagens de Romeu e Julieta exploram a necessidade de encarar as adversidades físicas, sociais e psíquicas que surgem ao ceder às pressões externas e às tentações. Eles refletem sobre a importância de enfrentar os desafios com coragem, perseverança e fé, mantendo o amor como guia em meio às tempestades da vida.

Peça 10

Cena: No mesmo jardim romântico ao luar.

JULIANA:
Romeu, à medida que enfrentamos as adversidades, sinto meu coração se acalmar,
Entre o amor que nos une e a resiliência que começamos a cultivar.
Como podemos encontrar paz em meio à tempestade, à turbulência,
E manter nossa fé e nosso amor, em meio à nossa existência?

ROMEU:
Juliana, minha amada, à medida que nos fortalecemos, sinto a calma se instalar,
Pois em nossa união, encontramos serenidade, somos capazes de enfrentar.
É na aceitação do que não podemos mudar que encontramos equilíbrio,
Para não nos perdermos na angústia, na agitação que nos desfaz o fio.

JULIANA:
Sim, Romeu, à medida que cultivamos a resiliência, sinto a paz se aproximar,
Nosso amor e nossa fé nos guiam, nos ajudam a nos acalmar.
Como podemos seguir em frente, em meio às incertezas, às turbulências da vida,
E não desistir de nossa jornada, de nosso propósito, em meio à despedida?

ROMEU:
Juliana, minha querida, à medida que nos fortalecemos, sinto a esperança brilhar,
Pois em nossa determinação, encontramos clareza, somos capazes de caminhar.
É na confiança mútua que encontramos força para seguir adiante,
Para não nos rendermos ao desespero, à escuridão que nos assombra constante.

JULIANA:
Então, Romeu, unamos nossos espíritos em busca da paz, da tranquilidade,
Para enfrentar os desafios, as tribulações, com serenidade.
Que nossa fé e amor sejam nossa âncora, nossa luz, nossa verdade,
Contra as tormentas da vida, em Deus confiar, em sua bondade.

Fim da cena.

Neste diálogo mais profundo, os personagens de Romeu e Julieta encontram a calma e a serenidade à medida que cultivam a resiliência e fortalecem sua fé e amor. Eles refletem sobre a importância de encontrar paz em meio às adversidades, confiando um no outro e em algo maior que os guia em sua jornada.

Peça 11

Cena: No mesmo jardim romântico ao luar.

JULIANA:
Romeu, à medida que contemplamos as coisas mais elevadas, sinto minha alma se elevar,
Entre o amor que nos une e a resiliência que começamos a cultivar.
Como podemos transcender as adversidades, as limitações terrenas,
E manter nossa fé e nosso amor, em busca das esferas mais serenas?

ROMEU:
Juliana, minha amada, à medida que nos conectamos com o divino, sinto a paz se instalar,
Pois em nossa união, encontramos harmonia, somos capazes de transcender.
É na renúncia ao ego e ao material que encontramos liberdade,
Para não nos prendermos às ilusões, às amarras que nos causam saudade.

JULIANA:
Sim, Romeu, à medida que nos desapegamos do supérfluo, sinto a leveza se aproximar,
Nosso amor e nossa fé nos elevam, nos ajudam a nos libertar.
Como podemos seguir em direção ao divino, em meio às tentações, às distrações da vida,
E não desviar do caminho da verdade, do amor puro, em meio à despedida?

ROMEU:
Juliana, minha querida, à medida que nos entregamos ao riso e à renúncia, sinto a alegria brilhar,
Pois em nossa determinação, encontramos contentamento, somos capazes de voar.
É no poder do riso e da renúncia que encontramos a verdadeira essência da vida,
Para não nos perdermos na superficialidade, na busca vazia que nos impede de crescer.

JULIANA:
Então, Romeu, unamos nossos corações em busca da sabedoria, da compaixão,
Para enfrentar os desafios, as tentações, com gratidão.
Que nossa fé e amor sejam nossa guia, nossa luz, nossa inspiração,
Contra as ilusões da vida, em Deus confiar, em sua misericórdia e perdão.

Fim da cena.

Romeu e Juliana: Um Amor de Espera

Neste diálogo mais profundo, os personagens de Romeu e Julieta refletem sobre a importância de buscar as coisas mais elevadas, o poder do riso e da renúncia para transcender as adversidades e se conectar com o divino. Eles exploram a ideia de desapego, contentamento e gratidão como caminhos para encontrar a verdadeira essência da vida e manter a fé e o amor como guias em sua jornada.

Peça 12

Cena: No mesmo jardim romântico ao luar.

JULIANA:
Romeu, à medida que buscamos encorajamento mútuo, sinto a presença divina nos amparar,
Entre o amor que nos une e a resiliência que começamos a cultivar.
Como podemos fortalecer nossa fé, nossa esperança, em meio às tribulações,
E lembrar dos versículos bíblicos que nos inspiram, que nos trazem consolações?

ROMEU:
Juliana, minha amada, à medida que nos apoiamos na Palavra, sinto a paz se instalar,
Pois em nossa união, encontramos conforto, somos capazes de confiar.
É nos versículos bíblicos que encontramos força para seguir adiante,
Para não nos desviarmos do caminho da verdade, da luz que nos guia constante.

JULIANA:
Sim, Romeu, à medida que nos lembramos das promessas divinas, sinto a fé se aproximar,
Nosso amor e nossa esperança nos sustentam, nos ajudam a perseverar.
Como podemos seguir em direção à luz, em meio às sombras, às incertezas da vida,
E não perder de vista a graça e a misericórdia, em meio à despedida?

ROMEU:
Juliana, minha querida, à medida que nos apoiamos mutuamente na fé, sinto a coragem brilhar,
Pois em nossa determinação, encontramos segurança, somos capazes de confiar.
É na partilha dos versículos bíblicos que encontramos consolo e inspiração,
Para não nos abatermos diante das provações, da adversidade que nos traz aflição.

JULIANA:
Então, Romeu, unamos nossos corações na oração, na meditação da Palavra,
Para enfrentar os desafios, as dúvidas, com fé inabalável e esperança que não se abala.
Que os versículos bíblicos sejam nossa fortaleza, nossa luz, nossa salvação,
Contra as tempestades da vida, em Deus confiar, em sua fidelidade e redenção.

Fim da cena.

Neste diálogo mais profundo, os personagens de Romeu e Julieta encontram encorajamento mútuo ao lembrarem dos versículos bíblicos que os inspiram e fortalecem sua fé e esperança. Eles refletem sobre a importância de se apoiarem na Palavra de Deus para encontrar conforto, força e direção em meio às adversidades.

Peça 13

Cena: No mesmo jardim romântico ao luar.

JULIANA:
Romeu, à medida que nos apoiamos na Palavra, sinto a presença divina nos amparar,
Entre o amor que nos une e a resiliência que começamos a cultivar.
Como podemos fortalecer nossa fé, nossa esperança, em meio às tribulações,
E lembrar dos versículos bíblicos que nos inspiram, que nos trazem consolações?

ROMEU:
Juliana, minha amada, à medida que nos apoiamos na Palavra, sinto a paz se instalar,
Pois em nossa união, encontramos conforto, somos capazes de confiar.
É nos versículos bíblicos que encontramos força para seguir adiante,
Para não nos desviarmos do caminho da verdade, da luz que nos guia constante.

JULIANA:
Sim, Romeu, à medida que nos lembramos das promessas divinas, sinto a fé se aproximar,
Nosso amor e nossa esperança nos sustentam, nos ajudam a perseverar.
Como podemos seguir em direção à luz, em meio às sombras, às incertezas da vida,
E não perder de vista a graça e a misericórdia, em meio à despedida?

ROMEU:
Juliana, minha querida, à medida que nos apoiamos mutuamente na fé, sinto a coragem brilhar,
Pois em nossa determinação, encontramos segurança, somos capazes de confiar.
É na partilha dos versículos bíblicos que encontramos consolo e inspiração,
Para não nos abatermos diante das provações, da adversidade que nos traz aflição.

JULIANA:
Então, Romeu, unamos nossos corações na oração, na meditação da Palavra,
Para enfrentar os desafios, as dúvidas, com fé inabalável e esperança que não se abala.
Que os versículos bíblicos sejam nossa fortaleza, nossa luz, nossa salvação,
Contra as tempestades da vida, em Deus confiar, em sua fidelidade e redenção.

Fim da cena.

Neste diálogo, os personagens de Romeu e Julieta encontram conforto, força e inspiração ao se apoiarem mutuamente na Palavra de Deus, lembrando dos versículos bíblicos que os fortalecem em meio às adversidades. Eles reconhecem a importância da fé, esperança e da presença divina em suas vidas, buscando na Palavra orientação e consolo para seguir em frente.

Peça 14

Certamente, vamos continuar a explorar a influência da oração e do livramento na jornada de Romeu e Julieta.

Cena: No mesmo jardim romântico ao luar.

JULIANA:
Romeu, em nossa comunhão com o divino, sentimos a presença que nos ampara,
Na oração, buscamos livramento e proteção, em Deus depositamos nossa confiança rara.
Como podemos seguir adiante, fortalecidos pela fé e pela esperança renovada,
E encontrar nos versículos bíblicos a luz que nos guia, a verdade revelada?

ROMEU:
Juliana, minha amada, em nossa súplica sincera, sentimos a paz se instalar,
Na oração, buscamos a orientação divina, a força para continuar a caminhar.
É na confiança em Deus que encontramos o refúgio, a segurança que nos sustenta,
Para não nos desviarmos do propósito, da vontade do Altíssimo que nos alimenta.

JULIANA:
Sim, Romeu, em nossa busca por livramento, sentimos a fé se fortalecer,
Na oração, buscamos a proteção celestial, a guia que nos ajuda a vencer.
Como podemos seguir em direção à luz, em meio às sombras que tentam nos envolver,
E não perder de vista a promessa de redenção, a certeza do amor que nos faz renascer?

ROMEU:
Juliana, minha querida, em nossa entrega ao divino, sentimos a coragem brilhar,
Na oração, buscamos a fortaleza necessária, a determinação para não desanimar.
É na comunhão com Deus que encontramos a paz que excede todo entendimento,
Para não nos abatermos diante das provações, da incerteza que nos traz tormento.

Fim da cena.

Neste diálogo, Romeu e Julieta encontram na oração e na busca por livramento uma fonte de fortaleza e esperança para enfrentar os desafios que se apresentam em sua jornada. Eles reconhecem a importância de confiar em Deus e buscar orientação divina para seguir em frente, mesmo diante das adversidades.

Peça 15

Cena: No mesmo jardim romântico ao luar.

JULIANA:
Romeu, em nossa busca por livramento e proteção, sentimos a presença divina nos amparar,
Na oração, buscamos a orientação do Altíssimo, a força para continuar a caminhar.
Como podemos invocar o Espírito de Cristo, a presença consoladora que nos renova,
E encontrar nos versículos bíblicos a sabedoria e o amor que nos guiam, que nos comovem?

ROMEU:
Juliana, minha amada, em nossa súplica sincera, sentimos a paz se instalar,
Na oração, buscamos a presença do Espírito Santo, a luz que nos ajuda a caminhar.
É na comunhão com Cristo que encontramos a redenção, a graça que nos transforma,
Para não nos desviarmos do caminho da verdade, da vida eterna que nos conforma.

JULIANA:
Sim, Romeu, em nossa entrega ao divino, sentimos a fé se fortalecer,
Na oração, buscamos a presença do Salvador, a esperança que nos faz renascer.
Como podemos invocar o Espírito de Cristo, a presença que nos consola e inspira,
E não perder de vista a promessa de salvação, o amor que nos liberta e nos admira?

ROMEU:
Juliana, minha querida, em nossa comunhão com o divino, sentimos a coragem despontar,
Na oração, buscamos a presença do Redentor, a força que nos ajuda a enfrentar.
É na confiança em Cristo que encontramos a paz que excede todo entendimento,
Para não nos abatermos diante das provações, da incerteza que nos traz tormento.

Ambos se ajoelham e invocam o Espírito de Cristo em suas vidas.

JULIANA E ROMEU:
Ó Espírito de Cristo, em tua infinita bondade, vem habitar em nossos corações,
Que tua presença nos guie, nos console, nos renove em todas as direções.
Fortalece nossa fé, renova nossa esperança, em ti confiamos sem hesitação,
Que em tua graça e amor encontremos redenção, paz e salvação.

Fim da cena.

Neste momento de invocação do Espírito de Cristo, Romeu e Julieta buscam a presença consoladora e transformadora do Salvador em suas vidas, encontrando na comunhão com Cristo a força e a esperança necessárias para seguir em frente. Eles reconhecem a importância de se entregarem ao Espírito Santo e confiarem em sua orientação para enfrentar os desafios da vida.